PROGRESSO

JOHAN NORBERG

PROGRESSO

Tradução de
ALESSANDRA BONRRUQUER

1ª edição

EDITORA RECORD
RIO DE JANEIRO • SÃO PAULO
2017

CIP-BRASIL. CATALOGAÇÃO NA PUBLICAÇÃO
SINDICATO NACIONAL DOS EDITORES DE LIVROS, RJ

N751p

Norberg, Johan
  Progresso: dez razões para acreditar no futuro / Johan Norberg; tradução de Alessandra Bonrruquer. – 1ª ed. – Rio de Janeiro: Record, 2017.

  Tradução de: Progress
  Inclui índice
  ISBN: 978-85-01-10915-6

  1. Economia – Desenvolvimento econômico. 2. Política – Política econômica. I. Bonrruquer, Alessandra. II. Título.

17-41380

CDD: 304
CDU: 316.7

Copyright © Johan Norberg, 2016

Título original em inglês: Progress: ten reasons to look forward to the future

Todos os direitos reservados. Proibida a reprodução, armazenamento ou transmissão de partes deste livro, através de quaisquer meios, sem prévia autorização por escrito.

Texto revisado segundo o novo Acordo Ortográfico da Língua Portuguesa.

Direitos exclusivos de publicação em língua portuguesa para o Brasil adquiridos pela
EDITORA RECORD LTDA.
Rua Argentina, 171 – 20921-380 – Rio de Janeiro, RJ – Tel.: (21) 2585-2000, que se reserva a propriedade literária desta tradução.

Impresso no Brasil

ISBN 978-85-01-10915-6

Seja um leitor preferencial Record.
Cadastre-se em www.record.com.br e receba informações sobre nossos lançamentos e nossas promoções.

EDITORA AFILIADA

Atendimento e venda direta ao leitor:
mdireto@record.com.br ou (21) 2585-2002.

Para Alicia, Alexander e Nils-Erik:
é seu mundo agora.

O progresso do conhecimento humano será rápido e haverá descobertas que, no presente, sequer conseguimos conceber. Quase lamento ter nascido tão cedo, pois não terei a felicidade de saber o que se saberá daqui a cem anos.

Benjamin Franklin, 1783

Sumário

Introdução: Os bons e velhos tempos são agora	11
1. Alimentação	17
2. Saneamento	39
3. Expectativa de vida	49
4. Pobreza	69
5. Violência	89
6. Meio ambiente	111
7. Alfabetização	133
8. Liberdade	143
9. Igualdade	163
10. A próxima geração	189
Epílogo: Então por que você ainda não está convencido?	203
Notas	217
Agradecimentos	239
Índice	241

Introdução

Os bons e velhos tempos são agora

> Nada é mais responsável pelos bons e velhos tempos que uma
> memória ruim.
>
> Franklin Pierce Adams[1]

Terrorismo. ISIS. Guerra na Síria e na Ucrânia. Crimes, assassinatos,
tiroteios em massa. Fome, enchentes, pandemias. Aquecimento global.
Estagnação, pobreza, refugiados.

"Desgraça e desolação por toda parte", como disse uma mulher
quando uma rádio pediu que descrevesse a situação do mundo.[2]

É isso que vemos nos noticiários e que parece ser a história de nosso
tempo. Um artigo sobre o zeitgeist da véspera de Ano-novo de 2015
no *Financial Times* foi publicado com o seguinte título: "Maltratado,
ferido e assustado — o mundo está no limite."

Essas percepções alimentam o medo e a nostalgia sobre os quais
Donald Trump construiu sua campanha à presidência dos Estados
Unidos. Em um referendo recente, 58% dos que votaram pela saída
da Grã-Bretanha da União Europeia disseram achar que a vida está

PROGRESSO

pior hoje do que há trinta anos. Em 1955, 13% dos suecos achavam que havia "condições intoleráveis" na sociedade. Após meio século de ampliação das liberdades humanas, aumento de renda, redução da pobreza e melhoria do sistema de saúde, mais da metade dos suecos pensavam da mesma forma.[3]

Muitos especialistas e autoridades concordam. O general Martin Dempsey, chefe do Estado-Maior Conjunto dos Estados Unidos, testemunhou recentemente perante o Congresso: "Atesto pessoalmente o fato de que [...] [o mundo] está mais perigoso do que jamais foi."[4] O papa Francisco afirmou que a globalização condenou muitas pessoas à fome: "É verdade que, em termos absolutos, a riqueza do mundo cresceu, mas a desigualdade e a pobreza também."[5]

Na esquerda política, a ativista Naomi Klein argumenta que nossa civilização está em "rota de colisão" e que estamos "desestabilizando o sistema de suporte à vida de nosso planeta".[6] Na direita, o filósofo John Gray acha que os seres humanos são *Homo rapiens*", uma espécie predatória e destrutiva que está se aproximando do fim da civilização.[7]

Eu costumava partilhar desse pessimismo. Quando comecei a formar minha visão de mundo na Suécia, nos anos 1980, achava a civilização moderna difícil de engolir. Para mim, fábricas, rodovias e supermercados eram uma visão sombria, e a vida laboral parecia um pesado fardo. Eu associava a nova cultura global de consumo à pobreza e aos conflitos que a televisão trazia para minha sala de estar. Em seu lugar, sonhava com uma sociedade que voltasse no tempo, uma sociedade que vivesse em harmonia com a natureza. Não pensava sobre a maneira como as pessoas realmente viviam antes da Revolução Industrial, sem remédios, antibióticos, água limpa, comida suficiente, eletricidade ou sistemas de saneamento. Em vez disso, pensava nela mais em termos de uma excursão moderna pelo interior.

INTRODUÇÃO

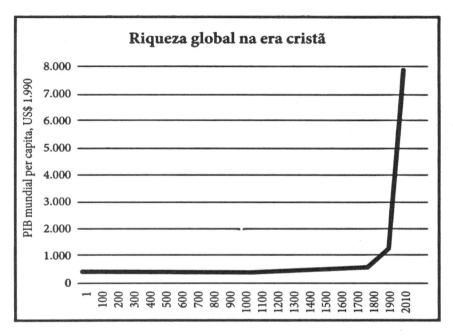

Fonte: Maddison, 2003.[8]

Como parte de meus estudos, comecei a ler livros de história e a viajar pelo mundo. Descobri que já não podia romantizar os bons e velhos tempos quando comecei a entender como realmente haviam sido. Um dos países em que foquei meus estudos experimentou desnutrição crônica — havia sido mais pobre, com expectativa de vida mais baixa e mortalidade infantil mais alta que o país africano subsaariano médio, hoje. Esse país era a Suécia de meus ancestrais, 150 anos atrás. A verdade é que, se voltarmos no tempo, veremos que os bons e velhos tempos eram horríveis.

A despeito do que ouvimos nos telejornais e de muitas autoridades, a grande história de nossa era é que estamos testemunhando o maior aumento nos padrões de vida global de que já se teve notícia. Pobreza, desnutrição, analfabetismo, trabalho infantil e mortalidade neonatal decrescem mais rapidamente que em qualquer outro período da história humana. Em relação ao século passado, a expectativa de vida no nascimento aumentou duas vezes mais do que nos 200 mil anos anteriores. O risco de que um indivíduo seja exposto à guerra, submetido à ditadura ou morra em um desastre natural é o menor de todos os tempos. Uma criança nascida hoje tem mais chance de chegar à aposentadoria que seus antepassados tinham de completar 5 anos de idade.

Guerras, crimes, desastres e pobreza são dolorosamente reais e, durante a última década, a mídia global nos tornou conscientes deles de uma nova maneira — ao vivo, 24 horas por dia, todos os dias —, mas, apesar dessa ubiquidade, esses problemas sempre existiram, embora parcialmente ocultos. Hoje em dia, a real diferença é que estão em rápido declínio. O que vemos agora são exceções onde antes eram a regra.

Esse progresso se iniciou com o iluminismo intelectual dos séculos XVII e XVIII, quando começamos a examinar o mundo com ferramentas empíricas, em vez de nos contentarmos com autoridade, tradição e superstição. Seu corolário político, o liberalismo clássico, começou a libertar as pessoas das correntes da hereditariedade, do autoritarismo e da servidão. Seguiu-se logo depois a Revolução Industrial do século XIX, durante a qual o poder industrial à nossa disposição se multiplicou e começamos a vencer a pobreza e a fome. Essas revoluções sucessivas foram suficientes para libertar grande parte da humanidade das difíceis condições em que sempre vivera. Com a globalização do fim do século XX, quando essas tecnologias e liberdades começaram a se espalhar para o restante do mundo, isso se repetiu em escala mais ampla e em maior velocidade que nunca.

Os seres humanos nem sempre são racionais ou benevolentes, mas, em geral, querem melhorar sua vida e a de suas famílias e, com um nível tolerável de liberdade, trabalham duro para conseguir isso.

INTRODUÇÃO

Passo a passo, isso se soma ao estoque de conhecimento e riqueza da humanidade. Em nossa era, mais pessoas podem experimentar diferentes perspectivas e soluções para os problemas. Assim, constantemente acumulamos conhecimentos científicos e de outras naturezas e cada indivíduo pode contribuir e construir com base nos feitos dos milhões que vieram antes, em um círculo virtuoso.

Este livro é sobre os triunfos da humanidade. Mas não é uma mensagem de complacência. Foi escrito parcialmente como um aviso. Seria um erro terrível tomar o progresso como certo. Convivemos com esses problemas durante a maior parte de nossa história. Há forças em ação no mundo que destruiriam os pilares desse desenvolvimento — as liberdades individuais, a economia aberta e o progresso tecnológico. Terroristas e ditadores fazem de tudo para minar as sociedades abertas, mas também há ameaças internas a elas. Existe um ressentimento contra a globalização e a economia moderna, disseminado por populistas tanto de esquerda quanto de direita. Podemos ver a familiar hostilidade contra a sociedade cosmopolita, urbana e fluida que sempre existiu entre os socialmente conservadores, mas hoje ela está combinada à noção de que o mundo lá fora é perigoso e devemos construir muros, literais e figurados.

Há um risco real de reação nativista. Quando não vemos o progresso que fizemos, começamos a buscar bodes expiatórios para os problemas que permanecem. Às vezes, parece que estamos dispostos a tentar a sorte com qualquer demagogo que nos diga que possui soluções rápidas e simples para tornar nossa nação grandiosa novamente, seja nacionalizando a economia, bloqueando as importações ou expulsando os imigrantes. Se achamos que nada temos a perder com isso, é porque temos péssima memória.

Nesse momento da história, devemos nos lembrar dos maravilhosos progressos resultantes do lento, constante e espontâneo desenvolvimento de milhares de pessoas que conquistaram a liberdade de melhorar as próprias vidas e, ao fazê-lo, melhoraram o mundo. É um tipo de progresso que nenhum líder, instituição ou governo pode impor de cima para baixo. Este livro explica o que aconteceu, como aconteceu e por que não percebemos.

Certamente se trata da maior realização da humanidade. Se olhássemos com mais frequência para o desenvolvimento do mundo, veríamos provas diárias de nossas habilidades. Assim, retiro minha dedicatória do epitáfio de Sir Christopher Wren, o arquiteto que construiu e está enterrado na Catedral de São Paulo: *Si monumentum requiris, circumspice* (Se procura um monumento, olhe em volta).

1

Alimentação

Quem quer que faça crescerem duas espigas de milho ou duas folhas de grama onde antes só crescia uma merece mais da humanidade e presta um serviço mais essencial a seu país que toda a raça de políticos.

Jonathan Swift[1]

Em certo dia do inverno de 1868, meu pentavô, Eric Norberg, retornou a Nätra, no norte de Ångermanland, na Suécia, com vários sacos de farinha de trigo em sua carroça. Ele vinha de uma família de "carroceiros do sul", fazendeiros do norte que desconsideravam as barreiras comerciais e os monopólios suecos para fazerem longas viagens comerciais. Eric Norberg vendeu peças de tecido no sul da Suécia e voltou com sal e cereais.

Raramente, no entanto, seu retorno era tão esperado quanto naquela ocasião. Era um ano de fome. A colheita fora ruim em todo o país e aqueles que tinham pouca farinha precisavam misturar casca de árvore em seus pães. Um homem de Björna, paróquia vizinha, recorda sua experiência pessoal, aos 7 anos, naqueles tempos de penúria.

> Frequentemente víamos nossa mãe chorando, pois era difícil para uma mãe não ter comida na mesa para alimentar os filhos famintos. Crianças emaciadas e famélicas eram vistas indo de fazenda em fazenda, implorando migalhas de pão. Certo dia, três crianças vieram até nós, chorando e implorando algo para aliviar as pontadas de fome. Tristemente, com os olhos marejados, nossa mãe foi obrigada a dizer que tínhamos apenas alguns restos de pão, dos quais precisávamos para nós mesmos. Quando vimos a angústia nos olhos suplicantes daquelas crianças, começamos a chorar e imploramos para que nossa mãe partilhasse com elas o que quer que tivéssemos. Hesitante, ela concordou e as crianças desconhecidas devoraram a comida, antes de partirem para a fazenda seguinte, que ficava a uma boa distância. No dia seguinte, as três foram encontradas mortas no caminho entre as duas fazendas.[2]

Jovens e velhas, emaciadas e pálidas, as pessoas iam de fazenda em fazenda, mendigando algo para tentar retardar a morte por inanição. As macérrimas cabeças de gado eram amarradas a estacas e cercas, pois não conseguiam se manter de pé sozinhas. Seu leite frequentemente era permeado de sangue. Vários milhares de suecos morreram de fome entre aquele ano e o seguinte.

Colheitas ruins não eram incomuns na Suécia. Uma única grande fome, entre 1695 e 1697, custou a vida de uma em cada quinze pessoas e há referências a canibalismo nos relatos orais. Sem maquinário, armazenagem a frio, irrigação ou fertilizantes artificiais, o fracasso das colheitas era sempre uma ameaça e, na ausência de comunicações e transportes modernos, quase sempre significava fome.

ALIMENTAÇÃO

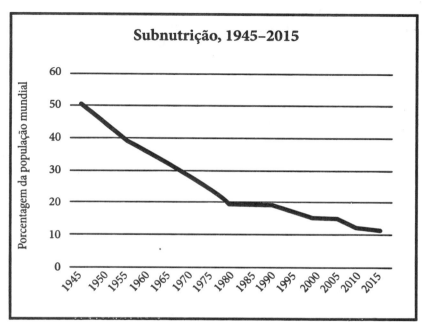

Fontes: FAO, 1947, 2003, 2015.[3]

Obter energia suficiente para o funcionamento do corpo e do cérebro é a mais básica necessidade humana, mas, historicamente, ela não foi satisfeita para a maioria das pessoas. A fome era um fenômeno universal e regular, ocorrendo tão insistentemente na Europa que "se incorporou ao regime biológico do homem e se instalou em sua vida cotidiana", de acordo com o historiador francês Fernand Braudel. A França, um dos países mais ricos do mundo, sofreu 26 períodos de fome nacionais no século XI, dois no século XII, quatro no século XIV, sete no século XV, treze no século XVI, onze no século XVII e dezesseis no século XVIII. Em cada século, também houve centenas de fomes locais.[4]

Em tempos de fome, os camponeses se voltavam do campo para as cidades, onde se amontoavam para implorar comida e frequen-

PROGRESSO

temente morriam nas praças e ruas, como em Veneza e Amiens no século XVI. O clima frio do século XVII tornava a situação ainda pior. Em 1694, um cronista de Meulan, na Normandia, relatou que os famintos colhiam o trigo antes que estivesse maduro e "muitas pessoas se alimentavam de grama, como se fossem animais".[5] Elas podem ter sido relativamente afortunadas — na França central, em 1662, "algumas pessoas comeram carne humana".[6] Na Finlândia, o período entre 1695 e 1697 é conhecido como "os anos das muitas mortes", durante os quais entre um quarto e um terço de toda a população morreu de fome.

Braudel ressalta que isso ocorreu na privilegiada Europa: "As coisas eram muito piores na Ásia, na China e na Índia." Esses locais dependiam de colheitas de arroz que percorriam vastas distâncias e cada crise se tornava um desastre. Braudel cita um mercador holandês que testemunhou a fome indiana de 1630–1:

"Os homens abandonavam cidades e vilarejos e vagueavam a esmo. Era fácil reconhecer sua condição: olhos fundos, lábios descorados e cobertos de visgo, pele enrijecida e ossos aparentes, a barriga nada mais que uma bolsa vazia dependurada [...] Enquanto um gritava e uivava de fome, outro jazia estendido no chão, morrendo em miséria." Os familiares dramas humanos se seguiram: esposas e filhos abandonados, crianças vendidas pelos pais, que as abandonavam ou vendiam a si mesmos a fim de sobreviverem, suicídios coletivos [...] Então veio o estágio em que os famintos abriam os estômagos de mortos ou moribundos e "retiravam as entranhas para encher suas próprias barrigas". "Muitas centenas de milhares morreram de fome, de modo que o país ficou coberto de corpos por enterrar, o que causou tal fedor que todo o ar foi tomado e infectado por ele [...] no vilarejo de Susuntra [...] carne humana era vendida abertamente no mercado."[7]

ALIMENTAÇÃO

Mesmo em tempos normais, as reservas na maioria dos países desenvolvidos eram excessivamente estreitas e a comida nem sempre era muito nutritiva ou podia ser mantida por muito tempo. Frequentemente, tinha de ser obtida logo antes do consumo. As pessoas secavam e salgavam os próprios alimentos para armazenamento, mas o sal custava caro. Em uma casa comum na província de meus ancestrais, Ångermanland, cem anos atrás, havia quatro refeições: batata, arenque e pão no café da manhã; caldo ou mingau no almoço; batata, arenque e pão no jantar; e caldo ou mingau na ceia. Era isso que as pessoas comiam todos os dias, com exceção de domingo, quando havia sopa de carne (se houvesse carne) e cevada. Como não existia louça, todos comiam da mesma tigela, usando uma colher de madeira que era lambida até estar limpa e então guardada na gaveta da mesa.[8]

A importância da nutrição adequada para a saúde e a sobrevivência foi documentada de modo perturbador em um estudo sobre a expectativa de vida aos 50 anos no que agora são países ricos, durante a virada do último século. Descobriu-se que, no hemisfério norte, era quase meio ano mais longa para aqueles nascidos entre outubro e dezembro, em comparação com os nascidos entre abril e junho. No hemisfério sul, dava-se o contrário. Aqueles nascidos no hemisfério norte que mais tarde migravam para o hemisfério sul também viviam mais tempo se tivessem nascido entre outubro e dezembro. Uma das prováveis razões para isso é o fato de, até recentemente, frutas e vegetais frescos estarem mais facilmente disponíveis durante o outono, mesmo em países ricos. Parece que, no caso dessas crianças, a nutrição no útero e na primeira infância era melhor, uma vez que o peso ao nascer também era maior no outono.[9]

No fim do século XVIII, famílias francesas comuns tinham de gastar cerca de metade da renda somente em cereais — o que frequentemente significava mingau. Os franceses e ingleses do século XVIII recebiam menos calorias que a média atual da África Subsaariana, a região mais afetada pela subnutrição.[10]

Ao ouvir falar de jornadas mais curtas de trabalho no passado, não sinta muita inveja. As pessoas trabalhavam tanto quanto conseguiam. O principal fator limitante era o fato de não terem acesso às calorias de que necessitavam para que as crianças crescessem adequadamente e os adultos mantivessem funções orgânicas saudáveis. Nossos ancestrais eram subdesenvolvidos, magros e baixos, o que exigia menos calorias e tornava possível trabalhar com menos comida. O economista e ganhador do prêmio Nobel Angus Deaton, um dos principais especialistas mundiais em saúde e desenvolvimento, fala sobre uma "armadilha nutricional" na Grã-Bretanha do século XVIII e início do século XIX: por causa dessa falta de calorias, as pessoas não conseguiam trabalhar duro o bastante a fim de produzir comida suficiente para serem capazes de trabalhar duro.[11]

Estima-se que, há duzentos anos, cerca de 20% dos habitantes da Inglaterra e da França sequer conseguiam trabalhar. No máximo, tinham energia suficiente para caminhar lentamente durante algumas horas por dia, o que condenava a maioria a uma vida de mendicância.[12] A falta de nutrição adequada também tinha sérios efeitos sobre o desenvolvimento intelectual da população, dado que os cérebros infantis necessitam de gordura para se desenvolver adequadamente.

Alguns pensadores da época presumiram que esse sempre seria o caso. No século XVIII, o reverendo Thomas Robert Malthus concluiu que os números humanos sempre superariam a quantidade de alimento disponível. Ele viu a população crescer exponencialmente — de dois para quatro, oito e dezesseis —, enquanto a produção agrícola crescia apenas linearmente — de dois para três, quatro, cinco. Sempre que a comida fosse abundante, isso significaria mais crianças sobreviventes, o que resultaria em um número maior de

ALIMENTAÇÃO

mortes mais tarde. A humanidade sempre sofreria com a fome, concluiu ele em 1779:

> O poder da população é tão superior ao poder da terra de fornecer subsistência para o homem que a morte prematura, em uma ou outra forma, sempre acaba por visitar a raça humana. Os vícios da humanidade [infanticídio, aborto, contracepção] são ativos e capazes ministros da despovoação. São os grandes precursores de um imenso exército de destruição e frequentemente terminam sozinhos seu horrível trabalho. Mas, se falham em sua guerra de extermínio, doenças, epidemias, pestilências e pragas avançam em terrível variedade e ceifam milhares e dezenas de milhares. Se o sucesso ainda é incompleto, a gigantesca e inevitável fome fica na retaguarda e, com um poderoso golpe, nivela a população à comida do mundo.[13]

Malthus descreveu acuradamente a difícil situação da humanidade naquela época. Mas subestimou sua capacidade de inovar, solucionar problemas e se adaptar quando as ideias do iluminismo e as liberdades expandidas deram às pessoas a oportunidade de fazê-lo. Quando os fazendeiros receberam direitos individuais de propriedade, passaram a ter incentivo para produzir mais. Quando as fronteiras se abriram para o comércio internacional, as regiões começaram a se especializar em cultivos adequados a seu solo, clima e habilidades. E a tecnologia agrícola se aprimorou para aproveitar essas oportunidades. Mesmo que a população continuasse a crescer, o fornecimento de alimentos crescia ainda mais rapidamente. O consumo *per capita* na França e na Inglaterra aumentou de 1.700–2.200 calorias em meados do século XVIII para 2.500–800 calorias em 1850. A inanição começou a desaparecer.[14] A Suécia foi declarada livre da fome crônica no início do século XX.[15]

Já em 1918, contudo, em um livro sobre a situação alimentar, a agência americana de administração de alimentos publicou um "Mapa da fome na Europa", mostrando as ameaças à segurança alimentar do continente ao fim da Primeira Guerra Mundial. Avaliou-se que alguns poucos países, como França, Espanha, Grã-Bretanha e países nórdicos, possuíam "fornecimento suficiente de alimentos, mas séria futura [escassez]". A Itália sofria com "severa escassez de alimentos" e países como Finlândia, Polônia e Tchecoslováquia apresentavam "condições de fome". "Lembrem-se", dizia o livro, "de que cada pequeno país no [mapa] não é apenas um contorno, mas representa milhares de pessoas que passam fome."[16]

Uma das mais poderosas armas contra o flagelo da fome foi o fertilizante artificial. O nitrogênio ajuda as plantas a crescerem e um pouco dele está disponível no esterco, mas não muito. Por mais de um século, fazendeiros de todo o mundo usaram excrementos de pássaros acumulados durante séculos na costa do Chile, contendo grande volume de nitrato de sódio. Mas a quantidade disponível não era suficiente. Cientistas e empreendedores achavam que deveria haver alguma maneira de fixar o nitrogênio da atmosfera, onde ele é abundante.

O químico alemão Fritz Haber, trabalhando na companhia química BASF, foi o primeiro a solucionar o dilema. Baseado em seu trabalho teórico e após vários anos de experimentos, em 1909 ele conseguiu produzir amônia a partir de hidrogênio e nitrogênio atmosféricos. O problema é que só podia fazê-lo em escala muito pequena. Os recipientes grandes não funcionavam nas temperaturas e pressões necessárias. Um colega da BASF, Carl Bosch, realizou mais de 20 mil experimentos em mais de vinte reatores antes de chegar ao processo correto para sintetizar amônia em escala industrial. O Processo Haber–Bosch tornou o fertilizante artificial barato e abundante, e logo passou a ser utilizado em todo o mundo.

"Qual foi a mais importante invenção técnica do século XX?", pergunta Vaclav Smil em *Enriching the Earth* [Enriquecendo a Terra]. Ele rejeita sugestões como computadores e aeroplanos, explicando

ALIMENTAÇÃO

que nada foi tão importante quanto a fixação industrial do nitrogênio: "a mais importante mudança a afetar a população mundial — sua expansão do 1,6 bilhão de pessoas em 1900 para os 6 bilhões de hoje — não teria sido possível sem a síntese da amônia." Sem o Processo Haber–Bosch, cerca de dois quintos da população mundial não existiriam, afirma Smil.[17]

Infelizmente, o brilhante Fritz Haber também se dedicou à tarefa de matar. Ele foi um dos pioneiros da guerra química e desenvolveu o gás clorídrico para que as tropas alemãs o usassem contra as forças inimigas. Ele mesmo conduziu a primeira liberação do gás, em 22 de abril de 1915, durante a Segunda Batalha de Ypres. Seis mil soldados franceses foram mortos. Segundo Haber, "Em tempos de paz, um cientista pertence ao mundo, mas, em tempos de guerra, pertence a seu país".[18] Vindo de um homem que talvez tenha salvado mais vidas que qualquer outro, mas também destruiu vidas em massa, esse pode ser um dos melhores argumentos possíveis contra a guerra.

Também há desvantagens no uso de fertilizantes artificiais. O nitrogênio faz tudo crescer. Os resíduos agrícolas que escorrem até nossas costas fazem com que as algas floresçam, o que resulta em decréscimo de oxigênio quando morrem e começam a apodrecer. Isso tem sérios efeitos sobre outros organismos, e aqueles que não conseguem escapar do ambiente se tornam ecologicamente estressados ou morrem. Do golfo do México, ao norte, até o mar Báltico, vimos muitas "zonas mortas" como essa na última metade de século, o que resultou em uma regulamentação mais estrita para o uso de fertilizantes nitrogenados em vários países.

Mas, paralelamente a isso, todas as outras formas de tecnologia agrícola se aprimoraram. Há 150 anos, eram necessários 25 homens, trabalhando durante um dia inteiro, para colher e debulhar 1 tonelada de grãos. Com uma colheitadeira moderna, uma única pessoa pode fazer o mesmo em 6 minutos. Em outras palavras, um aumento

PROGRESSO

de produtividade de 2.500 vezes. Costumava-se levar meia hora para ordenhar 10 litros de leite. Com as ordenhadeiras atuais, leva-se menos de 1 minuto.[19] Comércio expandido, melhor infraestrutura, eletricidade e combustível mais baratos e embalagem e refrigeração de alimentos tornaram possível levar a comida de áreas com excesso para áreas com escassez. Nos EUA do século XIX, levava-se cerca de 1.700 horas para obter o suprimento anual de alimentos para uma família. Hoje, leva-se não mais que 260 horas.[20]

Em meados do século XIX, a ingestão diária média de calorias na Europa ocidental era de 2.000–500 — abaixo da ingestão atual na África. Em 1950, já estava por volta das 3 mil calorias. Um indicador de saúde é a altura média, uma vez que o corpo retarda o crescimento se a quantidade necessária de nutrientes não estiver disponível. Os registros históricos mostram que a diferença de altura entre a Europa ocidental e o restante do mundo era apenas marginal até cerca de 1870. Depois disso, o europeu ocidental médio cresceu em torno de 1 centímetro por década, de 167 para 179 centímetros um século depois.[21] Isso foi muito importante para a saúde, pois pessoas mais altas geralmente viviam mais e crianças que recebiam melhor nutrição podiam resistir a doenças e possuíam maiores chances de sobrevivência.

E não foi apenas o aumento dos alimentos disponíveis que nos salvou dos pesadelos de Malthus, mas também a redução da fertilidade. Quando as pessoas se tornaram mais ricas e educadas, passaram a ter *menos* filhos, e não mais, como se previra. As taxas americanas de fertilidade caíram de sete filhos por mulher em 1800 para 3,8 em 1900 e 1,9 em 2012 — abaixo da taxa de substituição. A tendência é a mesma em todo o mundo ocidental.[22] Parece que, quando a saúde infantil melhora, os pais podem presumir que seus filhos sobreviverão até a idade adulta e, conforme aumenta o valor do capital humano, economicamente faz mais sentido ter menos filhos e lhes fornecer

ALIMENTAÇÃO

uma educação mais longa. O argumento de Malthus ficou de cabeça para baixo — a produção de alimentos explodiu, mas o crescimento populacional desacelerou.

Pela primeira vez na história da humanidade, o problema alimentar parecia solucionado. Em alguns lugares, até mesmo começava a ser superado pelo problema oposto, a obesidade. Mas, mesmo assim, muitos presumiram que seria impossível fornecer comida ao restante do planeta. Conforme as taxas de mortalidade decresciam, uma crescente população global tinha de ser alimentada. De 1950 a meados dos anos 1980, a população mundial dobrou de 2,5 para 5 bilhões de pessoas e muitos neomalthusianos previram inanição em massa. "A batalha para alimentar toda a humanidade foi perdida", escreveu Paul Ehrlich em *A bomba populacional*, de 1968. "Nos anos 1970, o mundo conhecerá a fome — centenas de milhões morrerão."[23] Em *Famine 1975!* [Fome de 1975!], William e Paul Paddock previram que "em quinze anos, a fome será catastrófica".[24]

E, todavia, o exato oposto ocorreu. Logo quando disseram que a batalha estava perdida, tivemos grandes ganhos e ninguém lutou mais bravamente pela humanidade que Norman Borlaug, um agrônomo de Iowa obcecado com o problema da fome mundial. Em um episódio da série de TV *Bullshit!* [Besteira!], os mágicos Penn e Teller jogaram "A Pessoa Mais Importante da História", com todos os pretendentes, líderes religiosos, presidentes e heróis revolucionários, representados em cartas de baralho. Como no pôquer, cada jogador fazia apostas com base na qualidade de suas cartas — mas poderia estar blefando. Penn virou uma carta e imediatamente apostou tudo, pois sabia que venceria. Dera sorte: tirara Norman Borlaug.

A história de Borlaug e da Revolução Verde global a que deu início começa no México em 1944, quando passou a trabalhar para o programa de desenvolvimento agrícola da Fundação Rockefeller.[25] O programa fora iniciado para ensinar novos métodos aos fazendeiros mexicanos, mas Borlaug estava obcecado por sementes melhores e mais produtivas. Ele crescera no Meio-Oeste americano e notara que as terríveis tempestades de areia e as perdas na lavoura tinham menos impacto sobre os fazendeiros que haviam optado por culturas de alta produtividade. E queria que mais países tivessem acesso a elas.

Após milhares de cruzamentos de sementes de trigo, ele conseguiu chegar a um híbrido altamente produtivo, resistente a parasitas e pouco sensível às variações de luz, podendo crescer em climas variados. Ainda mais importante, era uma variedade anã, dado que o trigo alto gastava muita energia desenvolvendo hastes não comestíveis e que se quebravam com facilidade se crescessem muito rapidamente. Ao apresentar seu novo híbrido, Borlaug também mostrou aos fazendeiros como a irrigação moderna e os fertilizantes artificiais aumentavam a produtividade. O novo trigo se espalhou rapidamente pelo México e, assombrosamente, a colheita de 1963 foi seis vezes maior que a de 1944. Da noite para o dia, o México se tornara um exportador de trigo.

Borlaug trabalhou no mundo em desenvolvimento durante a maior parte de sua vida, espalhando essas tecnologias e lutando contra costumes locais, tradições feudais, hostilidade pelos ocidentais e, frequentemente, contra os próprios ocidentais, que alegavam que o fornecimento abundante de alimentos causaria superpopulação e era melhor deixar a natureza fazer seu trabalho.

Em 1963, Borlaug foi para a Índia e o Paquistão, que enfrentavam uma ameaça de fome em massa. Imediatamente, ordenou que 35 caminhões de sementes híbridas fossem do México para Los Angeles e então embarcadas em um navio. Primeiro, o comboio foi detido pela polícia mexicana e bloqueado na fronteira americana por causa da proibição de importação de grãos. Depois, foi parado pela Guarda Nacional, pois havia tumultos no porto. Por fim, o navio zarpou. Isso, no entanto, foi apenas o início dos problemas: "Fui para a cama achando que o problema finalmente estava resolvido", contou Borlaug,

ALIMENTAÇÃO

"e acordei com a notícia de que havia sido declarada guerra entre a Índia e o Paquistão."

Mas ele e sua equipe trabalharam incansavelmente durante a guerra, às vezes plantando à luz dos fogos de artilharia. A despeito da semeadura tardia e dos muitos problemas logísticos, a produção cresceu 70% naquele ano, o suficiente para evitar a fome generalizada em tempos de guerra. Por causa desse risco, ele conseguiu autorização de ambos os governos para continuar seu projeto em escala mais ampla. A colheita seguinte foi ainda maior e a situação alimentar começava a ficar sob controle. Subitamente, não havia trabalhadores suficientes para colher todos os grãos e acabaram os estoques de tudo, de sacos de juta a vagões ferroviários. Algumas escolas tiveram de ser temporariamente fechadas para que seus edifícios fossem usados como silos.

Apenas alguns anos depois, o impossível aconteceu, e a Índia e o Paquistão se tornaram autossuficientes na produção de cereais. Atualmente, produzem sete vezes mais trigo que em 1965. A despeito de uma população em rápido crescimento, os dois países são muito mais bem alimentados do que costumavam ser.

Borlaug também convenceu muitos governos a pagarem a seus fazendeiros os preços mundiais de mercado, em vez de forçá-los a vender por um preço fixo e muito baixo. Essa regulação disseminada dos preços era uma política que pretendia auxiliar a população urbana, mas resultou em produções menores e fome. Inspirados por seu sucesso com sementes aprimoradas, colegas de Borlaug desenvolveram variedades altamente produtivas de arroz que se espalharam rapidamente pela Ásia.

Essa foi a Revolução Verde, que deu aos países pobres sementes melhores e colheitas mais fartas e diminuiu a pobreza rural. O consumo diário médio de calorias era de 2.200 em 1961, mas desde então cresceu para mais de 2.800. Naquela época, as pessoas de 51 países, incluindo Irã, Paquistão, China e Indonésia, consumiam menos de 2 mil calorias por pessoa, por dia. Em 2013, esse número caiu para apenas um país: Zâmbia. Mesmo após o aumento dos últimos anos, os preços agrícolas mundiais (mensurados pelo Índice Grilli–Yang) são metade do que eram no início do século XX.[26]

Em 1947, a Organização das Nações Unidas para Agricultura e Alimentação (FAO) relatou que cerca de 50% da população mundial era cronicamente subnutrida.[27] Por volta dessa época, o fertilizante nitrogenado começou a ser usado amplamente e muitos países de baixa e média renda começaram a modernizar seu setor agrícola. Em 1969–71, a FAO estimava que 37% da população do mundo em desenvolvimento era subnutrida e, hoje, esse número caiu para cerca de 30%.

Tabela 1. Subnutrição, porcentagem da população					
	1969–71	1979–81	1990–2	2000–2	2014–16
América Latina	20	14	15	11	6
Ásia	40	30	24	18	12
África	34	31	28	25	20
Mundo em desenvolvimento	37	28	23	18	13
Mundo	29	19	19	15	11

Fonte: FAO 2003, 2015.

ALIMENTAÇÃO

Desde 1990–92, a proporção de pessoas cronicamente subnutridas caiu de 23% para 13% da população mundial nos países de baixa e média renda. O número de pessoas famintas foi reduzido em 216 milhões. Dado que a população cresceu em 1,9 bilhão de pessoas no mesmo período, a FAO estima que cerca de 2 bilhões de pessoas foram poupadas de uma provável condição de fome nos últimos 25 anos.

Um país que conheceu mais progresso que os outros foi o Peru, que reduziu a má nutrição em 76% desde 1990. Hoje, 4,7 milhões de peruanos são poupados da subnutrição. Uma razão é o fato de o Peru ter introduzido um regime aberto de comércio e reformado os direitos de propriedade e comerciais, o que permitiu que mais fazendeiros tivessem acesso ao crédito e a incentivos para melhorar suas fazendas. Como resultado, a produtividade agrícola disparou. Reformas similares no Vietnã, incluindo a abertura do mercado de arroz e a restrição dos impostos agrícolas, reduziram em mais de 20 milhões o número de pessoas que sofriam de má nutrição.

A África possui os piores indicadores. A fome na África ao sul do Saara decresceu de 33% para 23% entre 1990 e 2014, mas, em função do crescimento populacional, o número de pessoas cronicamente subnutridas aumentou em quase 45 milhões. Todavia, também há histórias de sucesso na África. Na Nigéria, embora a população tenha crescido em 80 milhões entre 1990 e 2015, o número de pessoas subnutridas caiu em cerca de 8 milhões. Países como Angola, Camarões e Moçambique reduziram suas taxas de má nutrição em mais de 50%.

Após a Segunda Guerra Mundial, a altura média começou a aumentar nos países em desenvolvimento, assim como fizera antes nos países ricos. Na Ásia Oriental, passou de 166 centímetros nos anos 1930 para 172 centímetros nos anos 1980. No Japão, aumentou 10 centímetros em apenas cinquenta anos. Na África Subsaariana, todavia, a altura média diminuiu 1 centímetro entre os anos 1960 e 1980. Curiosamente, existe clara relação entre altura e PIB *per capita*

PROGRESSO

(embora ela se estabilize nos países ricos).[28] A prevalência de crianças atrofiadas — nas quais a má nutrição interrompe o crescimento — declinou em 25% desde 2000.[29]

Estima-se que, na primeira década do século XX, 3,1 milhões de crianças morriam anualmente por causa de condições relacionadas à má nutrição. Esse número subiu para cerca de 4 milhões nos anos 1950 e 1960 devido ao crescimento populacional, mas então começou a declinar rapidamente, mesmo em números absolutos. Durante a primeira década do século XXI, 1,7 milhão de crianças morreram em função da má nutrição — um número ainda chocantemente alto, mas uma redução de 60% desde os anos 1950, ainda que a população mundial tenha mais que dobrado.[30]

Tem havido efeitos colaterais negativos nesse cultivo mais intensivo, incluindo o uso excessivo dos lençóis subterrâneos para irrigação e poluição dos corpos d'água com nitrato. Mas a Revolução Verde também permitiu evitar que terras intocadas fossem transformadas em fazendas. Entre 1700 e 1960, as terras cultiváveis quadruplicaram, conforme as pessoas faziam uso de florestas e savanas para se alimentar. Mas, após a fixação do nitrogênio e o desenvolvimento de novas sementes, foi possível produzir mais com a mesma quantidade de terra. Pela primeira vez, para o mundo, a produção de alimentos se dissociou do uso da terra.

De 1961 a 2009, as terras cultiváveis cresceram apenas 12%, ao passo que a produção agrícola aumentou em cerca de 300%. Estima-se que, se a produção tivesse continuado a mesma, os fazendeiros teriam precisado converter outros 30.000 km² em terras cultiváveis — imensas áreas continentais, mais ou menos do tamanho dos EUA, Canadá e China juntos. Os fertilizantes artificiais causaram esgotamento do oxigênio em muitos sistemas marinhos, mas também evitaram que destruíssemos a vida selvagem e transformássemos nosso planeta em uma "Terra careca".[31]

ALIMENTAÇÃO

Em 1970, Borlaug venceu o Prêmio Nobel da Paz por seu trabalho pelo incremento do suprimento global de alimentos. Como disse o senador americano Rudy Boschwitz:

> O dr. Norman Borlaug foi a primeira pessoa na história a salvar 1 bilhão de vidas humanas. Mas também deve receber crédito por salvar criaturas selvagens e diversas espécies vegetais em 31 milhões de km² de florestas globais, que há muito teriam sido devastadas sem a agricultura de alta produtividade na qual foi pioneiro. Essas duas realizações combinadas o tornam dramaticamente único.[32]

Mesmo assim, argumentos contra as técnicas agrícolas modernas tiveram grande impacto no debate e alguns ambientalistas objetam aos fertilizantes nitrogenados como questão de princípio, a despeito do custo humano. Atualmente, vemos as mesmas objeções às sementes geneticamente modificadas, que aumentariam ainda mais nossa produtividade. Essas campanhas ambientalistas causaram impacto na África, que Borlaug considerava sua próxima prioridade, onde pressionaram as grandes fundações e o Banco Mundial a desistirem da introdução da Revolução Verde. O continente é agora a única região na qual o número de pessoas subnutridas continua a crescer e os habitats selvagens são destruídos pela agricultura de subsistência, baseada em derrubadas e queimadas.

Borlaug reagiu furiosamente a essas campanhas:

> Alguns ambientalistas das nações ocidentais são o sal da Terra, mas muitos são elitistas. Jamais experimentaram a sensação física da fome. Fazem seu lobby de confortáveis escritórios em Washington ou Bruxelas. Se vivessem apenas um mês em meio à miséria do mundo em desenvolvimento, como fiz durante cinquenta anos, estariam gritando por tratores, fertilizantes e canais de irrigação e ultrajados com os elitistas elegantes em seus países natais que tentam lhes negar essas coisas.[33]

Borlaug conseguiu financiamento privado para vários projetos africanos desde o início dos anos 1990, com a ajuda do ex-presidente americano Jimmy Carter e do filantropo japonês Ryoichi Sasakawa. A princípio, ele achou que deveriam investir em alguns anos de pesquisa, mas, depois que viu as terríveis condições locais, mudou de ideia, propôs que "começassem a plantar" imediatamente e triplicou a colheita de grãos. Um de seus projetos mais bem-sucedidos foi focado na Etiópia, que é agora um dos poucos países africanos a ter conseguido atingir os Objetivos de Desenvolvimento do Milênio ao diminuir pela metade as taxas da fome entre 1990 e 2015. Comparando-se com 1990, quase 6 milhões a menos de etíopes enfrentam a fome crônica hoje, ainda que a população tenha crescido em mais de 40 milhões de pessoas.

Muito possivelmente, o mais importante efeito de longo prazo da Revolução Verde seja a redução do número de bocas que precisarão ser alimentadas. Quando as crianças começam a sobreviver até a idade adulta, os pais começam a ter menos filhos. A transição demográfica pela qual o Ocidente passou está sendo repetida em todo o mundo em desenvolvimento. Os neomalthusianos afirmaram que isso não aconteceria, mas aconteceu muito mais *rapidamente* nos países de baixa e média renda.

Entre 1950–5 e 2010–5, o número de filhos por mulher declinou de 6,1 para 2,6. A transição demográfica sem precedentes que o mundo ocidental levou duzentos anos para realizar foi repetida pelo mundo em desenvolvimento em apenas sessenta anos. Na Ásia Oriental, esse número decresceu de 5,6 para 1,6; na Ásia Meridional, de 6 para 2,6; e, na América Latina, de 5,9 para 2,2. A região onde a transição foi mais lenta é também a que apresenta menor crescimento de renda, saúde e educação, mas, mesmo na África Subsaariana, a taxa de fertilidade declinou de 6,6 para 5,1 e, de acordo com as projeções da ONU, cairá para 4 em 2030 e 3 em 2050.[34] A combinação entre

ALIMENTAÇÃO

mais comida por acre e famílias menores significará que o crescimento das terras cultiváveis será praticamente nulo, o que resultará em uma grande explosão da diversidade biológica no próximo século.

Ainda melhor que o declínio da subnutrição crônica é o desaparecimento das grandes fomes. Nos últimos 140 anos, houve 106 episódios de inanição em massa, cada um deles matando mais de 100 mil pessoas. De 1900 a 1909, 27 milhões de pessoas morreram de fome e mais de 50 milhões morreram a cada década entre os anos 1920 e os 1960. Frequentemente, esses episódios foram parcial ou totalmente causados pelo homem.[35] No início, foram resultado de políticas imperiais que desmantelaram a produção agrícola e o comércio local e forçaram os camponeses a produzirem para exportação. As fomes de tempos de guerra mataram milhões na Ásia nos anos 1930 e 1940. Os regimes comunistas na União Soviética, na China, no Camboja, na Etiópia e na Coreia do Norte mataram dezenas de milhões, por causa da coletivização forçada e do uso da fome como arma.

Em nosso próprio tempo, os regimes mais cruéis ainda produzem condições horripilantes. Jang Jin-Sung, membro da elite norte-coreana, descreveu o que viu no fim dos anos 1990, antes de fugir para o Ocidente. Os famintos eram enviados para os parques, para mendigar até morrer. Uma "Divisão Cadáver" especial cutucava os corpos para ver se já estavam mortos. Ele os viu carregando cadáveres em um riquixá, do qual pés nus e esqueléticos despontavam em todas as direções.

Em um mercado lotado, Jang viu uma mulher adulta e uma menina de uns 7 anos. A mulher pendurara um cartaz no pescoço da menina: "Vendo minha filha por 100 won" — menos de 10 pence. Aparentemente, o pai já morrera de inanição. Um tenente do Exército concordou em ficar com ela. A mãe saiu correndo com o dinheiro, mas voltou rapidamente, com um pacote de pão. Ela pediu perdão à filha, soluçando muito enquanto colocava pedaços de pão na boca da menina: "Isso é tudo que posso lhe dar antes de partir." Várias pessoas na multidão começaram a chorar.[36]

Mas a experiência da Coreia do Norte é um ponto fora da curva: de modo geral, o comunismo entrou em colapso e os impérios ruíram. Fazendeiros receberam a posse formal de suas terras, o que lhes deu incentivo para investir em melhores equipamentos e sistemas de irrigação. O comércio através das fronteiras e no interior dos países tornou possível que outras regiões fornecessem para aquelas com escassez temporária, de modo que, hoje, aqueles na posição de meus ancestrais não precisam viajar centenas de quilômetros em busca de comida.

As mortes causadas por grandes fomes caíram para 1,4 milhão durante os anos 1990. No século XXI, o número de mortes até agora é de cerca de 600 mil — apenas 2% do que há cem anos, ainda que a população mundial seja quatro vezes maior que naquela época. Essas fomes modernas são resultado de conflitos armados em países como Sudão, Somália e República Democrática do Congo.[37]

Por mais estranho que pareça, a democracia é uma de nossas armas mais poderosas contra a fome. Como disse o economista Amartya Sen, houve fome em Estados comunistas e coloniais, monarquias absolutas e sociedades tribais, mas nunca em uma democracia. Mesmo as democracias mais pobres, como Índia e Botsuana, evitaram a fome apesar de terem um fornecimento de comida mais escasso que o de muitos países atingidos por desastre. Governantes que dependem de votos fazem de tudo para evitar a fome e a imprensa livre mantém o público consciente dos problemas, permitindo que sejam enfrentados a tempo. Nos Estados autoritários, ao contrário, algumas vezes houve fome pela simples razão de os governantes acreditarem na própria propaganda e ninguém ousar lhes dizer que o povo estava faminto.[38]

Provavelmente nenhum país sofreu mais com a fome que a China. De 1958 a 1961, o ditador Mao Tsé-tung tentou demonstrar a superioridade

ALIMENTAÇÃO

de sua versão do comunismo com um "Grande Salto Adiante" de industrialização forçada. A terra privada e até mesmo os utensílios de cozinha remanescentes foram confiscados, e os trabalhadores agrícolas foram direcionados para as obras públicas e a fabricação de aço. Como resultado, estima-se que cerca de 40 milhões de pessoas tenham morrido de fome e a expectativa de vida reduzida em vinte anos.

Mesmo após esse desastre, os alimentos continuaram escassos na China, porque as fazendas coletivas inibiam o trabalho e a inovação. Ninguém podia ganhar mais se trabalhasse mais ou investisse em métodos melhores. Atualmente, os líderes chineses estão orgulhosos de seu produtivo setor agrícola, mas ele não mudou como resultado de uma decisão de cima para baixo. A mudança começou com alguns bravos camponeses do vilarejo de Xiaogang, na província de Anhui, em dezembro de 1978.

As dezoito famílias do vilarejo estavam desesperadas. O sistema comunista não dava a elas ou a seus filhos o suficiente para comer. Algumas pessoas tinham de ferver folhas de choupo e comê-las com sal, outras moíam cascas de árvore torradas para usar como farinha. Assim, certa noite, elas se reuniram e concordaram em dividir a terra comunal. Cada família tomaria suas próprias decisões sobre o que e quando plantar e quanto trabalhar e poderia vender o que produzisse, depois que o governo ficasse com a parte exigida.

Elas escreveram isso como um contrato formal para que todos ficassem presos a ele, e o assinaram ou imprimiram suas digitais à luz de um lampião. Com o contrato escrito, as apostas se tornaram incrivelmente altas. Se o documento fosse descoberto, os moradores do vilarejo seriam punidos com toda a força do regime. Eles concordaram que, se a notícia vazasse e um deles fosse preso ou executado, os outros criariam seus filhos. O fazendeiro que escrevera o contrato o escondeu em um pedaço de bambu no telhado de sua casa e esperava que os oficiais nunca o encontrassem.

PROGRESSO

No fim, todos souberam da privatização secreta. O resultado era bom demais para ser mantido em segredo. Os fazendeiros já não começavam o dia de trabalho quando o apito do vilarejo era tocado — saíam muito mais cedo e trabalhavam muito mais. Houve um aumento enorme da produção. A colheita de 1979 foi seis vezes mais abundante que a do ano anterior. Outros vilarejos podiam ver que Xiaogang estava se saindo bem e seus habitantes comiam melhor e tentaram descobrir o que faziam de diferente. O cultivo individual se espalhou "como doença de galinha", nas palavras de um fazendeiro. "Quando um vilarejo pega, o país inteiro fica infectado."[39]

O Partido Comunista era hostil à iniciativa individual e deveria ter punido os fazendeiros. Mas as reformas das bases eram incrivelmente populares e o partido percebeu que eram a única maneira de pôr fim à fome e à ineficiência. Em 1982, em uma reviravolta sem precedentes, o partido endossou as reformas e permitiu que outros vilarejos fizessem o mesmo. Dois anos depois, já não havia comunas na China. Um país que experimentara uma das piores fomes da história somente duas décadas antes passou a produzir excedente de alimentos para os mercados mundiais.

Guan Youjiang, um dos signatários originais do contrato de Xiaogang, lembra que as pessoas morriam de fome em seu vilarejo. Ele costumava percorrer os campos, mendigando. A liberdade de escolher o próprio trabalho e colher seus frutos fez toda a diferença. "Antes, os fazendeiros ficavam felizes se faziam uma refeição por dia. Agora fazem três — e, às vezes, também bebem."[40]

2

Saneamento

As coisas que funcionam bem é que são poéticas! Nossa digestão, por exemplo, funcionando sagrada e silenciosamente bem, essa é a fundação de toda a poesia. Sim, a coisa mais poética, mais poética que as flores, mais poética que as estrelas — a coisa mais poética do mundo é não estar doente.

G. K. Chesterton[1]

Comida não é suficiente para sustentar a vida. Também é necessária uma maneira segura de lidar com os dejetos e o lixo, sem o que a vida é tão miserável e potencialmente curta quanto a vida sem alimento.

A água é a fonte de toda a vida, mas, ao longo da história, também foi fonte de grande sofrimento, dado que, mesmo em pequenos assentamentos, fica contaminada com excrementos humanos e propaga bactérias, vírus, parasitas e vermes. A falta de acesso a água potável é uma das razões para a histórica popularidade da cerveja e do vinho, antes que o café fizesse sua entrada, no século XVII. Ao menos o álcool não matava.

PROGRESSO

Desde os antigos gregos, as pessoas perceberam que as feridas tratadas com vinho tinham menos probabilidade de infeccionar que aquelas tratadas com água. A febre tifoide se espalhava pelo consumo de alimentos ou água contaminados com as fezes de alguém infectado, e esse mal sozinho matava cerca de um quarto de todas as pessoas doentes. Pode ter sido a doença que matou um em cada três atenienses em 430 a.C. e pôs fim ao período áureo da cidade. Mais recentemente, a febre tifoide matou o marido da rainha Vitória, o príncipe Albert, aos 42 anos. A cólera se espalhou desde o subcontinente indiano e a água contaminada com a bactéria matou dezenas de milhões de pessoas desde o início do século XIX.

Água limpa é essencial não apenas para beber, mas também para a preparação de alimentos e a higiene diária, pessoal e doméstica. A maioria das enfermidades ainda é causada por doenças transmitidas pela água e a Organização Mundial da Saúde (OMS) estima que, a qualquer dado momento, metade da população dos países de baixa e média renda sofre com problemas relacionados ao fornecimento inadequado de água limpa e saneamento básico. De fato, a diarreia é a principal causa de mortalidade entre crianças com menos de 5 anos.

Um texto sobre saúde afirma: "Embora seja difícil quantificar, parece que o principal problema ambiental de saúde no mundo ainda é a água contaminada por micróbios, inadequada para beber e para o uso doméstico, combinada à falta de saneamento adequado para disposição de lixo, fezes e urina."[2]

Em um vilarejo medieval inglês, as casas não tinham privadas e as pessoas se afastavam "a distância percorrida por uma flecha" quando precisavam se aliviar. Algumas usavam penicos e, em alguns lugares, havia trincheiras abertas com assentos simples. Na casa dos ricos e poderosos, as latrinas eram situadas sob a sala de jantar, o que trazia um cheirinho de problema a todas as festas. Em 1183, por exemplo, o rei Frederico II do Sacro Império Romano-Germânico organizou

SANEAMENTO

um grande banquete em um castelo em Erfurt, Alemanha. Enquanto os convidados jantavam, o piso do grande salão começou a afundar e os nobres caíram na fossa abaixo. Muitos se afogaram no lodo.

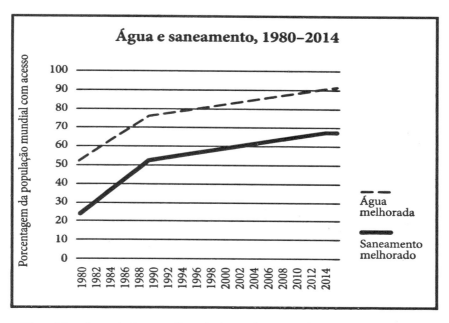

Nota: Uma fonte de água melhorada é uma fonte que foi protegida de contaminação externa; saneamento melhorado é um sistema que separa os excrementos do contato humano.
Fonte: OMS, 1995, 2015.[3]

Privadas com descarga foram usadas por muitas civilizações, incluindo o Império Romano, mas o vaso sanitário moderno foi inventado em 1596, para a rainha Elizabeth I, por seu afilhado Sir John Harrington. Na ausência de um extenso sistema de esgoto, não foi muito útil. O encanamento doméstico e a disseminação dos vasos sanitários ainda levariam trezentos anos. Há relatos daquela época sobre aristocratas sujando os corredores de Versalhes e do Palais Royal. De fato, as sebes de Versalhes são tão altas porque serviam como divisórias.

PROGRESSO

Um escritor do século XVIII descreveu o palácio como "receptáculo de todos os horrores da humanidade — as passagens, os corredores e pátios estão cheios de urina e matéria fecal".[4]

Até os tempos modernos, tomar banho era raro e mesmo controverso. Os espanhóis o viam como costume muçulmano e os franceses achavam que amolecia o corpo e abria os poros para as doenças. A elite considerava mais higiênico usar roupas bem justas e trocá-las com frequência. Mas havia alguns praticantes. Diz-se que a rainha Elizabeth I tomava um banho por mês, precisando ou não, e um membro da elite inglesa escreveu em seu diário, em 1653, que começaria a experimentar uma "lavagem anual dos cabelos".[5] Já em 1882, apenas 2% das casas de Nova York tinham instalação de água.[6]

Nas fazendas, os poços eram muitas vezes escavados perto da casa, o que significava que também ficavam perto do celeiro, do estábulo, do chiqueiro e da fossa, de modo que todo tipo de matéria se embebia no solo. Mas foi a concentração das pessoas nas cidades que tornou críticos os problemas de saneamento. Escritores da época descrevem as maiores cidades da Europa cheias de grandes pilhas de excrementos humano e animal e seus rios e lagos como pântanos fétidos, frequentemente sólidos de tantos resíduos. Vários viajantes vindos do interior registraram que seu primeiro contato com as cidades importantes era o fedor. O lixo era jogado nas ruas e a chuva o varria até o corpo d'água local. Em 1900, os cavalos supostamente empesteavam as ruas de Nova York com quase 1.200 toneladas de esterco e 230 mil litros de urina por dia. As ruas ficavam acarpetadas de estrume.[7]

As latrinas eram construídas ao lado de rios e riachos, o que poluía a água, e, se um rio não estivesse disponível, a sujeira era contida em fossas ou jogada nas ruas. Quando os pedestres ouviam o grito de *Gardyloo!*, corriam para se proteger. A frase, retirada do francês para "Olha a água", era o único aviso de que alguém estava prestes a jogar seus resíduos pela janela.

42

SANEAMENTO

A área em torno do Royal Dramatic Theatre e Nybroviken é uma das mais adoráveis e prósperas de toda a Estocolmo. Em um dia claro de verão, você pode passear pelo cais e ver o sol brilhando na água profundamente azul, em torno dos barcos que se preparam para levar os turistas em um tour pelo arquipélago. É difícil imaginar que, há duzentos anos, Nybroviken era um dos esgotos da cidade. Os capitães se queixavam, de tempos em tempos, da dificuldade de conduzir navios por uma água tão repleta de sujeira e dejetos. Em certo dia de 1827, um médico de passagem ficou pasmo ao ver mulheres lavando roupa na água marrom e suja: "Nada direi sobre quão pura e saudável pode ser uma roupa lavada em Nybroviken, cuja água, em função da dissolução de mistura fecal, tem a viscosidade do zarcão, mas é aterrorizante ver que a água está sendo usada até mesmo para cozinhar."[8]

O movimento sanitário inicial não tinha ciência sobre a qual basear seu trabalho e, por isso, apoiava-se na teoria do "miasma" — se algo cheirava mal, fazia mal à saúde. Embora a teoria subjacente fosse falsa, continha uma parcela de verdade. Era importante que os dejetos humanos fossem descartados de forma adequada e é provável que os esforços para evitar que a água fedesse tenham contribuído muito para torná-la mais segura. Mas, infelizmente, também pioraram as coisas em algumas situações. Os primeiros sistemas de esgoto de Londres encerraram a prática de manter fossas no porão, mas o fizeram jogando dejetos não tratados diretamente no rio Tâmisa, que também era a fonte de água da cidade. Dessa maneira, a cólera invadiu o suprimento de água. Duas irrupções de cólera em Londres entre 1848 e 1864 mataram 25 mil pessoas.

Essa tragédia tornou possível um dos maiores experimentos médicos do mundo, "um dos mais importantes de todos os tempos", de acordo com Angus Deaton.[9] John Snow, um médico londrino, concluiu que a cólera era disseminada pela água, e não pelo ar poluído. Ele

PROGRESSO

mapeou minuciosamente as mortes e encontrou um elo revelador. Todos os casos de cólera pareciam se originar da companhia que recolhia água de uma área próxima a uma emissora de esgoto, ao passo que nenhuma morte ocorrera entre aqueles que obtinham água de outra companhia, que recentemente movera sua captação para uma área mais pura, rio acima. Isso convenceu o conselho local a desativar a bomba danosa. Essa descoberta de infecções transmitidas pela água salvou inúmeras vidas desde então.

O maior incentivo para o moderno sistema de esgotos ocorreu após "O Grande Fedor" do verão de 1858, quando o clima quente exacerbou o problema no Tâmisa e criou um fedor tão intenso que as cortinas do Palácio de Westminster tiveram de ser embebidas em hipoclorito de cálcio. O Chancellor of the Exchequer, Benjamin Disraeli, comparou o Tâmisa ao rio que percorria o inferno na mitologia grega: "um Estige, fedendo com inefáveis e intoleráveis horrores."[10]

Durante o fim do século XIX e início do século XX, muitas cidades construíram modernos sistemas de água encanada e esgotos e iniciaram a coleta sistemática do lixo. O aumento da riqueza tornou possíveis tais custosas iniciativas. A maior mudança, todavia, veio com a filtragem efetiva e a cloração dos reservatórios de água na primeira metade do século XX, depois que a teoria microbiana das doenças foi aceita. A expectativa de vida cresceu mais rapidamente nos EUA durante esse período que em qualquer outro da história americana, e a introdução dos filtros e da cloração mostra que a água limpa teve papel decisivo nesse processo. Um estudo descobriu que a água limpa foi responsável por 43% da redução total da mortalidade, 74% da diminuição da mortalidade neonatal e 62% da queda da mortalidade infantil.[11]

Essa mudança tecnológica chegou tarde aos países de baixa e média renda, mas, uma vez iniciada, ocorreu mais rapidamente que nos países mais ricos. A proporção da população mundial com acesso a

SANEAMENTO

uma fonte melhorada de água cresceu de 52% para 91% entre 1980 e 2015. Desde 1990, 2,6 bilhões de pessoas ganharam acesso a uma fonte melhorada de água, o que significa que, durante 25 anos, 285 mil novas pessoas *por dia* receberam água potável. Dependendo de quão rapidamente você lê, entre trezentas e novecentas pessoas terão obtido acesso a água potável pela primeira vez antes que você chegue ao final deste capítulo.

De fato, 41% da população atual dos países de baixa e média rendas obteve acesso nos últimos trinta anos. Há agora apenas três países (que fornecem dados confiáveis) com menos de 50% de acesso: Namíbia, Guiné Equatorial e Papua Nova Guiné — comparados com 23 países em 1990. Atualmente, 96% da população urbana e 84% da população rural têm acesso.[12]

Em 1980, apenas 24% da população mundial tinha acesso a sistemas de esgoto adequados. Em 2015, esse número cresceu para 68%. Quase um terço da população global obteve esse acesso nos últimos 25 anos — 2,1 bilhões de pessoas. Oitenta e dois por cento da população urbana agora tem acesso, contra 51% da população rural. Um quarto daqueles na área rural ainda defecam a céu aberto, embora esse hábito tenha conhecido uma redução de 38% em 1990. Países como Índia, Paquistão, Bangladesh e Vietnã reduziram a defecação a céu aberto em cerca de um terço desde 1990.

Como resultado desses esforços, as mortes globais por diarreia foram reduzidas de 1,5 milhão em 1990 para 622 mil em 2012. Mas as condições pré-modernas ainda afligem centenas de milhões de pessoas em torno do globo — e 663 milhões de pessoas ainda não possuem acesso a fontes melhoradas de água e dependem de poços desprotegidos, nascentes e água de superfície. Instalações sanitárias inadequadas ainda são usadas por 2,4 bilhões de pessoas.

Na era moderna, a falta d'água raramente está relacionada à água em si, mas sim a políticas ruins e à ausência de tecnologia apropriada.

Em um livro sobre o preço da água, Fredrik Segerfeldt observa que países como Camboja, Ruanda e Haiti têm problemas em fornecer água potável a seus habitantes, ainda que contem com muito mais chuva que a Austrália, onde todos têm acesso. Cherrapunji, na Índia, é o lugar mais úmido do planeta, mas enfrenta repetidas faltas d'água.[13]

Nos países em desenvolvimento, mais de 80% da água doce é usada para a agricultura e somente 1% da agricultura irrigada usa o muito mais eficiente sistema de gotejamento, de modo que muita água é desperdiçada. Um grande problema é que o subpreço — e, às vezes, a ausência de preço — reduz o incentivo para que se invista em tecnologias que economizem água e resulta em uso excessivo. Como indica o Programa de Desenvolvimento das Nações Unidas: "se os mercados vendessem carros Porsche por preço irrisórios, eles também estariam em falta."[14]

Melhor acesso a água está relacionado não apenas à saúde, mas também a oportunidades na vida, em especial para mulheres, que em muitas áreas são responsáveis pelo pesado fardo de abastecer a residência. Estima-se que, coletivamente, as mulheres e crianças africanas gastem 40 bilhões de horas por ano indo buscar e carregando água. Uma razão comum para jovens meninas não irem à escola é o fato de suas famílias exigirem que busquem água em fontes distantes. Outra importante razão é o fato de as escolas não possuírem instalações adequadas para higiene.[15]

A maior proporção de pessoas sem água e saneamento vive na África Subsaariana. Quando caminhei por Kibera, em Nairóbi, Quênia, uma das maiores favelas urbanas da África, conheci pessoas que tinham de gastar uma hora ou mais por dia apenas para localizar um vendedor de água e esperar na fila até serem atendidas. Algumas chegavam a despender um décimo ou mesmo um quinto de sua renda com água. Os habitantes de Kibera jamais receberam direitos sobre a terra, de modo que as construções são ilegais, com pouco acesso a

SANEAMENTO

infraestrutura e sem a segurança em relação à posse que tornaria possíveis os investimentos nessas áreas.

Por toda parte em Kibera, notei esgotos a céu aberto. Quando chove, os dejetos fluem pelas ruas. Em vez de banheiros, há latrinas, pouco mais que buracos no chão com tábuas atravessadas, nas quais as pessoas apoiam os pés. Podem ser partilhadas por várias centenas de pessoas e muitas vezes estão transbordando de fezes e fedendo a urina. Quando enchem, são esvaziadas no rio. As mulheres têm medo de usá-las, especialmente à noite, e as crianças temem cair lá dentro — o que, infelizmente, acontece com frequência.

Por todas essas razões, Kibera tem sua própria versão de *Gardyloo!*, chamada de "banheiros voadores". Os habitantes se aliviam em sacolas de plástico pretas e, à noite, as jogam o mais longe possível de suas casas. Os vizinhos, por sua vez, as jogam para ainda mais longe, e assim por diante, até que estejam fora de vista. A chuva frequentemente as carrega até o rio. Na manhã seguinte, é possível ver pilhas de banheiros voadores em becos e nas cumeeiras dos telhados, nas quais as pessoas frequentemente recolhem água da chuva. As crianças brincam com as sacolas amarradas como se fossem bolas.

Os banheiros voadores contribuem para doenças e mortes prematuras em Kibera e muitas outras favelas ao redor do mundo. As doenças mais comuns da região são todas ambientais. A mortalidade infantil é três vezes mais alta que no restante de Nairóbi. Mas mesmo uma profissional da saúde local admite usar com frequência os banheiros voadores: "À noite, é tão escuro em Kibera que você não ousa sair do quarto, pois teme cair em uma latrina abandonada e, como mulher, jamais pode ter certeza de que não será estuprada."[16]

Mas as coisas estão mudando mesmo lá. Duas tubulações foram construídas, de modo que os habitantes não precisam se abastecer apenas com a água insalubre da represa e da chuva. Vários blocos de saneamento moderno foram construídos por empreendedores e organizações não governamentais (ONGs), nos quais os habitantes têm acesso a um banheiro limpo e um banho quente a um preço reduzido, e pias para lavar as mãos foram introduzidas em várias escolas. Casos de febre tifoide, disenteria e ancilostomíase estão em declínio, assim como, finalmente, a mortalidade infantil.

A África Subsaariana conquistou um acréscimo de 20% no uso de fontes melhoradas de água potável entre 1990 e 2015. Durante esse período, mais 427 milhões de africanos ganharam acesso a elas.[17] O processo pode ser lento demais para virar notícia, mas devemos lembrar que ocorre muito mais rapidamente do que ocorreu nos países mais ricos do mundo. A expectativa de vida no Quênia aumentou em quase dez anos entre 2003 e 2013. Depois de ter vivido, amado e trabalhado durante toda uma década, a pessoa média no Quênia não perdeu um único ano de seu tempo de vida remanescente. Todos envelheceram dez anos e, mesmo assim, a morte não se aproximou nem um passo.

3

Expectativa de vida

Considerando-se minhas chances, só tenho uma opção: terei de usar muita ciência nessa merda.

Matt Damon em *Perdido em Marte*

Durante a história inicial da humanidade, a vida era suja, brutal e curta. Mais que tudo, era curta, por causa de doenças, falta de comida e ausência de saneamento.

As pessoas morriam cedo, recém-nascidas ou na infância, e as mães com frequência morriam no parto. A alta taxa de mortalidade não se devia primariamente à prevalência da violência, mas sim a doenças infecciosas, água insalubre e péssimas condições de saneamento. As pessoas viviam perto dos animais, mesmo nas cidades, e seus dejetos infectavam as fontes de água.

Muitos viviam em locais úmidos e dormiam no chão de cabanas de madeira. Pode parecer romântico, mas, construídas com madeira não tratada, com janelas minúsculas e quase nenhuma ventilação, elas eram uma massa de sujeira e estavam infestadas de todo tipo de parasitas. Como disse um historiador: "Do ponto de vista da saúde, a única coisa a ser dita a seu favor era que queimavam com facilidade."[1]

Todas as grandes cidades sofriam regularmente com a peste, doença infecciosa causada por uma bactéria disseminada pelo ar e pelo contato físico e transmitida pelas pulgas dos ratos. A doença matava três em cada cinco infectados. O pior exemplo, é claro, foi a peste negra de meados do século XIV, que provavelmente matou mais de um terço da população da Europa e esvaziou vilarejos e regiões inteiras. Em Londres, uma testemunha relatou que pessoas saudáveis subitamente caíam ao chão e "entre a Apresentação do Senhor [2 de fevereiro de 1349] e a Páscoa [12 de abril], mais de duzentos corpos foram enterrados quase todos os dias no novo cemitério perto de Smithfield, sem contar os enterrados em outros campos-santos pela cidade".[2]

Para alguns, parecia literalmente o fim do mundo. Em 1349, um monge irlandês, cercado pela morte, registrou os eventos e finalizou o texto com as seguintes palavras: "Deixo pergaminho para a continuação do trabalho, no caso de alguém ainda estar vivo no futuro e algum filho de Adão conseguir escapar da pestilência e continuar a obra." Após o texto, há uma nota manuscrita do copista: "Aqui, parece que o autor morreu."[3]

Embora essa tenha sido a ocorrência mais devastadora, a peste assombraria as cidades muitas outras vezes até o século XVIII. Em Besançon, no leste da França, foi relatada quarenta vezes entre 1439 e 1640. No momento em que as pessoas ouviam sobre um surto, fugiam, deixando os pobres e fracos para trás. Magistrados, advogados, oficiais e outras figuras de autoridade deixavam seus castelos desprotegidos e suas cidades para lutar pela própria vida. Os castelos eram pilhados e as casas condenadas eram marcadas, às vezes com uma cruz de giz vermelho. Os mortos eram jogados em carroças, carregados em barcos, lançados ao mar e queimados. Em situações extremas, eram simplesmente deixados nas ruas, apodrecendo e sendo mastigados pelos cães.

EXPECTATIVA DE VIDA

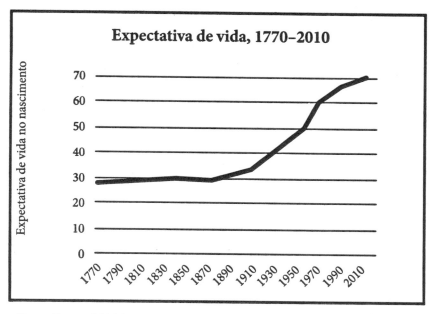

Fonte: Roser, 2016.[4]

Em 1586, quando a peste chegou, o ensaísta Montaigne teve de abandonar Bordeaux, onde era prefeito. Ele e sua família vagaram por seis meses em busca de um lugar para viver, mas conseguiram apenas assustar os velhos amigos e causar horror por onde passassem. Em Savoia, os ricos instalavam uma mulher pobre em sua casa desinfetada durante algumas semanas, como cobaia, antes de retornarem. Samuel Pepys escreveu sobre "a peste nos tornando cruéis, como cachorros, uns com os outros".[5]

A tuberculose, doença infecciosa que afeta os pulmões, espalhou-se por toda a Europa no século XVII e foi uma grande assassina no século XIX. Algumas estimativas afirmam que foi responsável por quase um quarto de todas as mortes do período. A varíola, outra grande causa de morte, era presença permanente nas grandes cidades. Em cidades menores e vilarejos, não era, mas isso significava que as

PROGRESSO

pessoas não desenvolviam imunidade e comunidades inteiras podiam ser varridas do mapa quando enfrentavam uma epidemia.

Antes da medicina baseada em evidências, a prece era o remédio mais comum. Os ricos podiam bancar os melhores médicos, mas, durante 2 mil anos, eles tiveram pouco a oferecer, além de sua presença ao lado da cama e sangrias, pois achavam que o excesso de sangue podia causar febre, dor de cabeça, apoplexia e outros males. O médico amarrava o braço do paciente para deixar as veias salientes, fazia uma incisão e drenava certa quantidade de sangue — o que, é claro, frequentemente era danoso. Às vezes, sanguessugas eram usadas para extrair o sangue. Na França, os médicos usaram 30 milhões de sanguessugas somente em 1846. Não havia anestésicos para tornar as cirurgias suportáveis e, quando elas passaram a ser mais comuns, em meados do século XIX, muitos morriam de infecção, pois não havia antibióticos (e, de qualquer modo, a comunidade médica ainda acreditava que as doenças se disseminavam através de "miasmas"). A cabeça, o peito e o estômago não podiam ser operados de maneira confiável. Membros feridos eram amputados. Não havia drogas específicas ou transplantes. Envelhecer significava perder a visão e a mobilidade.

Nos tempos pré-históricos, estima-se que o caçador-coletor médio tinha uma expectativa de vida de 20 ou 30 anos, dependendo das condições locais.[6] A despeito do suprimento de comida frequentemente mais estável, a revolução agrícola não melhorou muito esse número e, de acordo com alguns relatos, até o diminuiu, uma vez que grupos mais amplos e estabelecidos ficavam mais expostos a doenças infecciosas e problemas relacionados ao saneamento. Nas civilizações clássicas, como a Grécia Antiga e o Império Romano, a expectativa de vida foi estimada entre 18 e 25 anos. Na Grã-Bretanha medieval, entre 17 e 35 anos.[7]

A era inicial de globalização resultou em epidemias terríveis, dado que populações anteriormente separadas passaram a trocar germes

52

EXPECTATIVA DE VIDA

contagiosos. Os europeus introduziram a varíola nas Américas e, em troca, receberam a sífilis. A peste chegou com as conquistas mongóis e a cólera se espalhou pelas rotas mercantes, vinda da Índia e matando dezenas de milhões desde o início do século XIX. Antes do fim do século XIX, mesmo aqueles que viviam nas nações mais avançadas não conheciam uma mortalidade muito menor que a mortalidade típica durante a maior parte da história de nossa espécie. Nos anos 1830, a expectativa de vida na Europa ocidental era de 33 anos e só aumentou muito lentamente. Antes do ano 1800, nenhum país do mundo tinha uma expectativa de vida mais alta que 40 anos.

Mas então algo espantoso ocorreu. Um grupo de pesquisa sobre o envelhecimento liderado por Oskar Burger, no Instituto Max Planck, observou que a maior parte da redução da mortalidade humana foi experimentada apenas pelas últimas quatro das cerca de 8 mil gerações de *Homo sapiens* desde que evoluímos, há uns 200 mil anos. Desde então, o progresso em estender a vida humana acompanhou ou mesmo superou o que foi conseguido com outras espécies em laboratório, expostas pelos cientistas a experimentos alimentares e de seleção especialmente designados para aumentar o tempo de vida.[8]

Durante a maior parte da história, os pais frequentemente tiveram de enterrar os filhos. Mesmo que as pessoas endureçam sua atitude em relação à morte ao se verem constantemente cercadas por ela, a perda de um filho é terrível em qualquer era. A horrorizada reação de Charles Darwin, que perdeu três de seus dez filhos, à morte da filha mais velha Annie mostra a tragédia que isso representa para qualquer pai, não importa quão comum ou quão grande sua família seja. Na Suécia, no início do século XIX, entre 30% e 40% de todas as crianças morriam antes do quinto aniversário. No início do século XX, 15%.[9] Hoje, 0,3%.[10]

Em termos globais, a expectativa de vida média era de 31 anos em 1900. Hoje, espantosamente, é de 71 anos. De forma instintiva,

PROGRESSO

presumimos que nos aproximamos um ano da morte a cada ano que envelhecemos, mas, durante o século XX, a pessoa média o fez apenas sete meses a cada ano vivido. Os anos que ganhamos também estão qualitativamente melhores. Atualmente, as doenças crônicas entre americanos não são apenas menos severas que há cem anos, mas também começam em média dez anos mais tarde.[11]

O professor de epidemiologia Abdel Omran dividiu o relacionamento da humanidade com a mortalidade em três grandes estágios sucessivos:[12]

1. *A era da pestilência e da fome.* Nessa era, que durou a maior parte da história humana, a mortalidade era alta e flutuante, como resultado da má nutrição crônica, das doenças endêmicas e de desastres súbitos como fomes e guerras. A expectativa de vida oscilava entre 20 e 40 anos.
2. *A era das pandemias em retrocesso.* A mortalidade começou a declinar com o retrocesso das epidemias. A expectativa de vida cresceu de forma constante, até chegar a uma média entre 30 e 50 anos. Como resultado, o crescimento populacional se tornou sustentável.
3. *A era das doenças degenerativas e causadas pelo homem.* As doenças infecciosas se tornaram mais raras, a mortalidade declinou ainda mais e a expectativa de vida superou os 50 anos. A fertilidade, e não mais a mortalidade, tornou-se o fator crucial no crescimento populacional. Começamos a nos preocupar com o câncer e com o crescente número de doenças cardiovasculares — o que, na verdade, é uma excelente notícia, pois mostra que as pessoas não esperam morrer aos 20 ou 30 anos.

As partes mais ricas do mundo, que eram as mais abertas aos novos conhecimentos, de onde quer que viessem, ou seja, o norte da Europa ocidental e seus ramos, passaram primeiro por essas transições, do século XVIII em diante. Uma razão foram as melhorias sanitárias. As construções de madeira foram substituídas pelas de tijolos e pedras e os vilarejos começaram a separar seus suprimentos de água de seus dejetos e seus animais de suas casas. Novos padrões de limpeza foram desenvolvidos e as pessoas começaram a tomar banho. No início do século XVIII, a peste desapareceu da Europa ocidental.

Mas a revolução da saúde foi também resultado de novos conhecimentos e tecnologias médicas. Os pensadores iluministas incentivaram o método experimental e a ciência baseada em evidências, provando que a sangria não era benéfica e apresentando maneiras mais efetivas de lidar com a doença.

A batalha contra a varíola é um exemplo. A varíola era uma causa disseminada de morte na Europa no século XVIII — cerca de 400 mil pessoas morriam anualmente em função da doença e um terço dos sobreviventes ficava cego. A grande maioria de todos os recém-nascidos infectados morria. Em Constantinopla (agora Istambul), Lady Mary Wortley Montagu, esposa do embaixador britânico, viu a inoculação em ação e a estudou cuidadosamente, uma vez que a doença matara seu irmão e marcara seu próprio rosto. Ela inoculou os filhos e pressionou pela introdução da inoculação na Grã-Bretanha.

O procedimento consistia em extrair material das pústulas de um infectado e, por meio de um arranhão, passá-lo para o braço do paciente, que contraía um caso brando da doença e desenvolvia imunidade. Cerca de 2% dos inoculados morria, mas, como quase um terço dos que sofriam de varíola usualmente morriam, foi um tremendo progresso. Depois que a família real inglesa foi por fim inoculada, em 1721, a prática se espalhou rapidamente e, em breve, as pessoas comuns também passaram a ser inoculadas.[13]

Em 1757, um menino de 8 anos foi inoculado em Berkeley, Gloucestershire, desenvolvendo apenas um caso brando de varíola e também uma imunidade que salvou sua vida durante as epidemias seguintes.

PROGRESSO

Seu nome era Edward Jenner. Ele devotaria a vida a encontrar uma solução melhor e mais segura. Ouvira relatos de leiteiras que ficaram protegidas após contrair varíola bovina e começou a inocular as pessoas com ela, para torná-las imunes à variedade humana. A palavra latina para vaca é *vacca* e *vaccinus* significa pertencente ou vindo de uma vaca. Assim, Jenner chamou seu novo procedimento de "vacinação". Ele o promoveu incessantemente e, em 1800, a vacinação chegou à maioria dos países europeus.

A teoria microbiana foi um enorme avanço e tornou possíveis medidas mais focadas. Parecia impossível que micro-organismos, coisas pequenas demais para se ver, pudessem ser a causa da doença e da morte. Mas os experimentos naturais começaram a mudar a visão prevalente. Em meados do século XIX, o obstetra húngaro Ignaz Semmelweis notou uma alta incidência de febre puerperal entre mulheres cujo parto era feito por médicos, em oposição a uma incidência muito menor entre as que eram auxiliadas por parteiras. Ele conectou isso ao fato de os médicos frequentemente saírem diretamente de autópsias para o parto, e os fez lavar as mãos com uma solução de cal clorada, o que reduziu as mortes maternas em quase 90%.

Os novos microscópios tornaram possível enxergar os micro--organismos. Especialmente importante foi o microscópio acromático, inventado por Joseph Jackson Lister. O químico francês Louis Pasteur mostrou que micro-organismos podiam azedar o leite e o vinho e inventou uma técnica para evitar a contaminação por bactérias — a pasteurização. Ele também desenvolveu vacinas contra raiva e antraz.

As crescentes informações sobre micro-organismos deram urgência extra às tentativas de melhorar o saneamento e o fornecimento de água, e a vacinação se tornou rotineira. O próprio conhecimento sobre os germes fez com que as pessoas alterassem seu comportamento. Até que a teoria fosse estabelecida, os hotéis não trocavam a roupa de

EXPECTATIVA DE VIDA

cama para hóspedes diferentes, os médicos usavam instrumentos não esterilizados e a água nem sempre era fervida para matar as bactérias. Levou tempo antes que os trabalhadores de saúde se convencessem a lavar as mãos e a esterilizar seu equipamento, mas, quando isso aconteceu, teve um efeito espantoso sobre a mortalidade materna. Em países que possuem registros, como a Suécia e a Finlândia, cerca de mil mães morriam a cada 100 mil partos em 1800. Esses números são chocantes: uma mãe morria a cada cem partos. Como as mães davam à luz muito mais frequentemente que hoje, a morte materna era uma ocorrência regular nas famílias. E, cem anos depois, o número ainda estava em cerca de quinhentas mulheres a cada 100 mil partos. Mas, após a Segunda Guerra Mundial, caiu para menos de cem nos países de alta renda e, atualmente, está abaixo de dez. Na Grã-Bretanha, a taxa caiu de 458 para nove entre 1935 e 2015.[14]

O aumento da produção agrícola fez com que mais calorias estivessem disponíveis, mas um avanço ao menos tão importante quanto esse foi a redução das infecções infantis, que ajudou as crianças a se beneficiarem da nutrição, em vez de desperdiçá-la lutando contra febres, diarreias e infecções. A Europa ocidental saiu da era da pestilência e da fome e entrou na era das pandemias em retrocesso. A expectativa de vida, que se mantivera estável durante dezenas de milhares de anos, deu um pulo de vinte anos nas cinco décadas após 1880. Isso foi totalmente sem precedentes. Mas, conforme a ciência e o conhecimento se espalhavam por outras partes do mundo e elas se tornavam mais ricas, o mesmo se deu em toda parte.

Evitar bactérias é benéfico, mas ser capaz de matá-las é ainda melhor. De outro modo, qualquer coisa que rompa a pele, nossa primeira barreira contra a doença, pode ser letal, mesmo algo tão inócuo quanto um joelho arranhado. Antes da penicilina, os hospitais ficavam cheios de pessoas moribundas em função de cortes minúsculos e crianças morrendo de escarlatina e infecções.

PROGRESSO

"Quando acordei logo após o amanhecer em 28 de setembro de 1928, certamente não planejava revolucionar a medicina ao descobrir o primeiro antibiótico, ou matador de bactérias, do mundo", disse certa vez o biólogo escocês Alexander Fleming, "mas acho que foi exatamente isso que fiz".

Fleming estivera estudando as propriedades dos estafilococos e, quando saiu de seu (notoriamente bagunçado) laboratório para as férias de agosto, guardou os espécimes em uma prateleira. Ao retornar, percebeu que uma cultura de estafilococos fora contaminada por fungos, que haviam matado as bactérias ao seu redor. "Isso é interessante", comentou.

E era. Naquele dia, ele descobriu os antibióticos e tornou possível que outros desenvolvessem a "maravilhosa droga" penicilina. Ao fim da Segunda Guerra Mundial, ela havia salvado 3 mil soldados aliados da gangrena fatal, nas praias da Normandia, durante o Dia D. Os antibióticos transformaram pequenas, mas potencialmente letais, infecções em condições triviais, quase erradicaram as amputações e tornaram possível a cirurgia moderna e o transplante de órgãos. Ao mesmo tempo, a penicilina ajudou a combater doenças antigas, como a peste, a tuberculose e a sífilis. Ela salvou a vida de milhões e milhões de pessoas.

Após a Segunda Guerra Mundial, os países mais ricos estavam a caminho de solucionar o problema da morte prematura. Desde o século XIX, a mortalidade infantil fora reduzida de dez a 25 para entre duas e cinco mortes a cada cem nascimentos.[15] A expectativa de vida na Europa ocidental durante os anos 1950 era de 68 anos, comparados com 36 nos anos 1850. Mas a expectativa de vida nos países de baixa e média rendas ainda era a mesma dos países ricos no fim do século XIX. Na África Subsaariana, era de 38 anos. Mais de cem países perdiam mais de um quinto de todas as crianças antes do primeiro aniversário.

EXPECTATIVA DE VIDA

Mas, nessa época, as ideias e a tecnologia que haviam salvado as crianças ocidentais começaram a se difundir também para outras regiões. A penicilina se tornou amplamente acessível e instituições como a UNICEF e a OMS iniciaram campanhas de vacinação contra tuberculose, difteria, sarampo e poliomielite. A porcentagem de crianças de todo o mundo vacinadas contra difteria, coqueluche e tétano cresceu de 20% para 80% entre 1970 e 2006.[16] A varíola foi derrotada em país após país até que, em 8 de maio de 1980, a Assembleia Mundial de Saúde anunciou: "O mundo e seus povos se livraram da varíola, a mais devastadora doença a varrer, de maneira epidêmica, muitos países desde tempos imemoriais, deixando morte, cegueira e desfiguração em seu caminho."[17]

A humanidade estava mais perto de erradicar o vírus da poliomielite, que pode resultar em fraqueza muscular, paralisia e mesmo morte. Após uma campanha global de vacinação feita pela OMS, pela UNICEF e pela Fundação Rotary, o número anual de casos foi reduzido em mais de 99% desde 1988, de 350 mil casos para 416. A vacinação também reduziu em 96% as mortes de recém-nascidos e mães em função do tétano neonatal, desde 1988.

O próximo grande assassino que pode ser derrotado é a malária, que em 1900 era endêmico em praticamente todos os países do mundo e matava cerca de 2 milhões de pessoas por ano. Nessa época, os países ricos começaram a drenar pântanos e escoar áreas alagadas, a fim de destruir os viveiros dos mosquitos que carregavam o parasita. Isso e o uso disseminado de inseticidas como o DDT erradicaram a malária em mais de cem países. Após um incentivo recente da Fundação Gates e outros grupos, há a chance de que a doença seja derrotada de forma global nas próximas décadas. Entre 2000 e 2015, as mortes globais por malária caíram pela metade, declinando mais rapidamente entre as crianças. De acordo com a OMS, isso evitou 6,2 milhões de mortes.

PROGRESSO

Isso aconteceu graças aos mosquiteiros tratados com inseticida, à vaporização residual e à terapia de combinação baseada em artemisinina. A África é a região mais atingida, mas o progresso tem sido rápido. A população que dorme sob mosquiteiros cresceu de menos de 2% para cerca de 55%. A mortalidade causada pela malária entre crianças declinou em 71%.[18]

Para as gerações atuais, a aids parece uma versão moderna da peste. Ela se espalha de forma silenciosa, mata milhões e escapa a nossas tentativas de derrotá-la. Mas, se parece imbatível, é porque agora confiamos em remédios para responder rapidamente a todas as doenças. Como escreveu Angus Deaton, a descoberta do vírus HIV, o mapeamento de seus meios de transmissão e o desenvolvimento das drogas para combatê-lo foram "extraordinariamente rápidos, pelos padrões históricos".[19] A aids matou quase 40 milhões de pessoas em todo o mundo, mas a ciência moderna transformou uma sentença de morte certa em condição crônica. As novas infecções por HIV caíram em 35% desde 2000 e o número de mortes relacionadas a essa doença declinaram 42% desde 2006.[20]

O grave surto de ebola na África Ocidental em 2014–5 mostrou quão rapidamente a ciência, os profissionais da área e a população em geral podem agora responder às crises de saúde, graças à coordenação de informações e pesquisas. No fim de 2014, o Centro de Controle e Prevenção de Doenças dos Estados Unidos advertiu que poderia haver 1,4 milhão de casos apenas na Libéria e em Serra Leoa no início de 2015, caso não houvesse uma intervenção efetiva. Mas as pessoas mudaram de comportamento, adotando enterros seguros, e os casos foram isolados. O número total de casos foi de não mais de 30 mil. A vacina contra o ebola se mostrou bem-sucedida, permitindo que a doença fosse menos destrutiva em caso de outro surto.

Mesmo assim, milhões de pessoas ainda morrem devido a geografia. Em quase quarenta países, mais de 10% das crianças morrem

EXPECTATIVA DE VIDA

antes do quinto aniversário, em função de doenças que os países ricos já erradicaram há muito tempo. Quase 8 milhões de pessoas sucumbem todos os anos por infecções do trato respiratório inferior, diarreia, tuberculose e doenças infantis como coqueluche e difteria.

Mas a direção geral é notavelmente positiva. Em 1960, quase um quarto de todas as crianças nascidas em países de baixa e média renda morriam antes do quinto aniversário. Desde então, esse número foi reduzido de 232 para 47 mortes a cada mil nascimentos. O número de mortes neonatais foi reduzido de 154 para 35 a cada mil entre 1960 e 2015.[21]

A mortalidade materna ainda é muito alta nos países em desenvolvimento, mas, nos últimos 25 anos, caiu acentuadamente. Entre 1990 e 2015, as mortes maternas por cada 100 mil partos declinaram de 435 para 242, com a maior parte dessa redução ocorrendo após o ano 2000. A taxa caiu quase pela metade na África, no Oriente Médio e na América Latina e em cerca de dois terços da Ásia Meridional e Oriental. O risco de morte no parto foi reduzido de 6,1% para 2,8% na África Subsaariana e de 2,6% para 0,5% na Ásia Meridional. Isso é resultado de higiene básica, acesso a água potável e atendimento por profissionais da saúde, o que foi o caso de 59% dos nascimentos globais em 1990 e é o caso de 71% dos nascimentos hoje.[22]

Uma das pessoas responsáveis por salvar o maior número de vidas na história é Maurice Hilleman. Ele pretendia se tornar gerente de uma loja J. C. Penney, mas, aparentemente, não tinha a personalidade certa para o varejo. Foi uma sorte, pois, em vez disso, ele obteve um Ph.D. em microbiologia, conseguiu um emprego na Merck e desenvolveu mais de 25 vacinas, incluindo a maioria das que hoje são recomendadas para crianças.

A mais importante delas é a vacina contra o sarampo. Desde meados de 1800, estima-se que essa doença tenha matado cerca de 200 milhões de pessoas. Vários milhões morriam todos os anos, até

PROGRESSO

que uma vacina foi disponibilizada no início dos anos 1970. Hoje, o sarampo causa cerca de 100 mil mortes por ano, uma redução de mais de 96% desde o início da década de 1980. Similarmente, a lepra, um mal que resulta em perda da sensação em partes das extremidades, afetou a humanidade durante milhares de anos. Nos anos 1950, havia 10,5 milhões de casos de lepra, mas a cura veio na forma de três drogas inventadas na década de 1960. Atualmente, há menos de 200 mil casos crônicos em todo o mundo.

Um dos grandes triunfos globais na área da saúde das últimas décadas é também um dos mais baratos: a terapia de reidratação oral. Nos anos 1970, uma em cada dez crianças nos países pobres morria de desidratação causada por diarreia antes dos 5 anos. Cientistas e médicos procuraram um antídoto durante muito tempo e sugeriram tudo, de bananas a sopa de cenoura. Uma solução especialmente promissora era uma mistura de sal e açúcar dissolvidos em água e seu potencial foi demonstrado durante um surto de cólera nos campos de refugiados na Índia e em Bangladesh, no início da década de 1970. Três mil pacientes foram tratados e sua taxa de mortalidade foi reduzida em quase 90%. A terapia de reidratação oral, a um custo de apenas alguns centavos a dose, rapidamente ganhou atenção mundial e agora se estima que salve a vida de cerca de 1 milhão de crianças por ano. A revista científica *Lancet* a descreveu como "potencialmente o mais importante avanço médico do século".[23]

O resultado de tais tecnologias salvadoras de vidas foi a mais rápida extensão da expectativa de vida que o mundo já viu. A mortalidade infantil nos países em desenvolvimento — a proporção de crianças que morrem antes dos 5 anos de idade — decaiu de 240 para 68 a cada mil, uma redução de 72%.[24] Como vimos no caso do Quênia, vários países registraram aumento da expectativa de vida em mais de um ano *a cada ano*, durante mais de uma década. Após ter vivido uma década, a pessoa média daqueles países podia esperar viver mais anos

EXPECTATIVA DE VIDA

do que esperava no início da década. Entre 1950 e 2011, a expectativa de vida subiu de 42 para 70 anos na Ásia e de 50 para 74 anos na América Latina; mesmo na África, a despeito do desastre da aids, cresceu mais do que jamais fizera, de 37 para 57 anos.

Essa é a razão de termos experimentado um crescimento sem precedentes da população global, o que muitos no Ocidente viram como grande ameaça nos anos 1970 e 1980. Entre 1950 e 2011, a população mundial cresceu de 2,5 para 7 bilhões. Isso não aconteceu porque as pessoas dos países pobres começaram a se reproduzir como coelhos, como acham alguns, mas porque pararam de morrer como moscas. Mas não demorou para que as famílias começassem a se adaptar. Quando os pais perceberam que seus filhos tinham menos probabilidade de morrerem jovens, pararam de ter tantos filhos. Em 1950, a mulher média das regiões menos desenvolvidas tinha 6,2 filhos, ao passo que hoje tem não mais que 2,6. Na Ásia, alguns atribuem esse declínio às brutais políticas de filho único da China, mas a taxa de fertilidade caiu muito mais entre os chineses de Taiwan e exatamente o mesmo na Tailândia. As mulheres não sofrem com tantas gravidezes e os pais são poupados da agonia de ver os filhos morrerem.

Quanto mais rico um país, mais saudável ele é. A variação na renda pode explicar mais de 70% das variações na mortalidade neonatal e infantil. Nenhum país com renda *per capita* superior a 10 mil dólares possui taxa de mortalidade neonatal acima de 2%. As pessoas mais ricas podem investir em instalações de água e saneamento, pagar por comida e remédios. Mas isso não significa apenas que a humanidade está ficando mais rica e conseguindo pagar por um padrão de vida melhor. Essa não é nem mesmo a causa principal. Muito mais importante é o fato de que um padrão de vida decente está ficando muito mais barato.

Os indicadores de saúde para dado nível de renda melhoram o tempo todo. Um país com renda *per capita* de mil dólares tinha uma taxa de mortalidade neonatal de 20% em 1900. Um país com exatamente o mesmo nível de renda em 2000 apresentava uma taxa de mortalidade neonatal de apenas 7%. Assim, mesmo que esse país não tenha experimentado nenhum crescimento econômico em cem anos, a mortalidade neonatal foi reduzida em dois terços. Um país com PIB *per capita* de 3 mil dólares hoje tem a mesma expectativa de vida que teria sido predita para um país hipotético com PIB *per capita* de 30 mil dólares em 1870. Essa é a grande notícia da saúde de nosso tempo: preços baixos para uma boa vida.[25]

É um resultado da globalização, que torna mais fácil para os países usarem o conhecimento e a tecnologia criados por muitas gerações e vastas somas de dinheiro. É difícil desenvolver tecnologia celular, a teoria microbiana das doenças ou uma vacina contra sarampo, mas é fácil usá-las, uma vez que alguém o tenha feito. A infraestrutura que foi gerada para o comércio e a comunicação também torna mais fácil transmitir ideias, ciências e tecnologias através das fronteiras, em um círculo virtuoso.[26]

Curiosamente, mesmo que haja uma forte relação entre saúde e riqueza, é difícil encontrar a relação entre saúde e as recentes taxas de crescimento. O economista William Easterly demonstrou que a correlação entre os indicadores de saúde de um país e sua própria taxa de crescimento não é tão forte quanto a correlação entre seus indicadores de saúde e o crescimento global. Nessa era de globalização, o fator mais importante por trás do sucesso de um país é o sucesso dos outros países. Mesmo o Haiti, um dos pouquíssimos países mais pobres hoje do que eram nos anos 1950, reduziu a taxa de mortalidade neonatal em quase dois terços. Na verdade, tem taxas de mortalidade neonatal mais baixas que as dos países mais ricos do mundo em 1900.

É natural que o crescimento da expectativa de vida desacelere após tais avanços espantosos, enquanto as doenças se movam dos

EXPECTATIVA DE VIDA

intestinos e peitos dos bebês para as artérias dos idosos. Quando crianças são salvas, isso tem grande impacto na expectativa de vida. Quando vivem até a idade avançada, suas vidas foram prolongadas em várias décadas. A mortalidade entre crianças é agora tão baixa que o progresso ocorre majoritariamente entre adultos mais velhos, e isso possui efeito mais discreto sobre a expectativa de vida no nascimento. Erradicar completamente o câncer seria uma realização espetacular, mas só aumentaria a expectativa de vida nos países ricos em alguns poucos anos.

Apesar disso, a expectativa de vida continua a crescer, mesmo nos países mais ricos. Embora estivesse perto dos 70 anos em 1950, aumentou mais uma década desde então. Esse é um fenômeno completamente novo na história da humanidade. Nos anos 1970, medicamentos baratos para baixar a pressão sanguínea se espalharam pelos Estados Unidos, assim como outras maneiras de tratar doenças cardíacas. Isso reduziu a mortalidade em função de doenças cardiovasculares em cerca de dois terços na maioria dos países ocidentais e agora chega também aos países mais pobres. O fato de as pessoas fumarem menos também é importante, pois tabagismo causa câncer de pulmão e doenças cardiovasculares. Talvez esteja na hora de começar a falar de um quarto estágio da mortalidade: *a era do retrocesso das doenças degenerativas e causadas pelo homem.*

As pessoas têm de morrer de alguma causa e, se não caírem já no primeiro obstáculo, haverá mais pessoas para cair no segundo e no terceiro. Isso pode ter disfarçado alguns dos progressos contra o câncer nas últimas décadas. Quando menos pessoas passaram a morrer de doenças cardiovasculares, muitas mais deveriam morrer de câncer. Como não é o caso, isso mostra que a melhoria do tratamento do câncer já surtiu grande efeito, mesmo que tenha custado muito mais que a prevenção das doenças cardiovasculares. Em quase todos os grupos etários, menos pessoas apresentam câncer. A taxa de incidência nos Estados Unidos caiu cerca de 0,6% ao ano desde 1994. As taxas de morte por câncer decresceram 22% nas últimas duas décadas.[27]

O que o futuro nos reserva? Nada é certo. Novas pandemias podem surgir a qualquer momento. Em algum momento, um vírus da gripe provavelmente sofrerá uma mutação letal o suficiente para cobrar um preço terrível da humanidade, como a gripe espanhola fez em 1918, quando provavelmente matou mais de 50 milhões de pessoas. Em contrapartida, as defesas científicas e tecnológicas à nossa disposição são de uma natureza completamente diferente e mais pessoas do que nunca estão aptas a contribuir.

Em seguida à gripe H1N1 de 2009, uma versão totalmente nova do vírus de 1918, vimos a mais rápida resposta a uma pandemia da história. A internet tornou possível traçar o surto e facilitou a cooperação entre instituições, cientistas e profissionais da saúde de todo o mundo. Quando cientistas americanos conseguiram uma amostra do vírus em meados de abril de 2009, o sequenciamento genético foi feito em apenas um dia. Em uma semana, o genoma completo do vírus H1N1 foi publicado on-line, para uso público. Isso permitiu que os desenvolvedores modificassem os testes existentes e encontrassem novos casos. Antes de o mês terminar, novos kits de teste foram enviados para laboratórios clínicos e de saúde pública.

Ao mesmo tempo, empresas farmacêuticas usaram essa informação, novas tecnologias de cultura celular e outros avanços para trabalhar nas vacinas. Em junho de 2009, a OMS declarou que a H1N1 era uma pandemia. Apenas três meses depois, vários fabricantes já haviam completado o desenvolvimento da vacina e começado a produzi-la. Em dezembro do mesmo ano, mais de cinquenta países já possuíam programas de vacinação.

Não há garantias de que a expectativa de vida continuará crescendo. Em vários países africanos, a aids levou a um decréscimo súbito na expectativa de vida que raramente é visto, mesmo durante guerras.

EXPECTATIVA DE VIDA

Zimbábue e Botsuana perderam mais de quinze anos. Nos anos após o colapso da economia planejada, a expectativa de vida na Rússia decaiu em cinco anos. Em contrapartida, na África é agora sete anos mais longa que era *antes* da aids e, na Rússia, mais alta do que jamais foi durante o comunismo. Assim, pode-se dizer que se move em uma direção geral, mesmo que também vejamos obstáculos e retrocessos temporários.[28] De muitas maneiras, trata-se de uma estimativa conservadora. É uma medida do tempo que o recém-nascido médio pode esperar viver se não houver novos avanços na área da saúde e não leva em conta nenhum progresso na extensão da longevidade.

Alguns dizem que chegamos ao limite do possível, que a longevidade não pode se estender muito mais. Mas já disseram isso antes, e sempre estiveram errados. Em 1928, quando a expectativa de vida nos EUA era de 57 anos, o estatístico Louis Dublin calculou que o marco final seria 65. Como não tinha acesso aos números da Nova Zelândia, não sabia que esse limite já fora ultrapassado pelas mulheres de lá. Outro time de pesquisadores repetiu o exercício em 1990 e estabeleceu o limite de 85 anos. Ele foi ultrapassado pelas mulheres japonesas em 1996.[29]

Um maravilhoso artigo de Jim Oeppen e James Vaupel comenta as previsões dos especialistas, incluindo a ONU e o Banco Mundial, que afirmaram repetidamente que a expectativa de vida se aproximava de um limite. O artigo conclui que esses limites sempre foram quebrados, em média cinco anos depois de a estimativa ser publicada. Oeppen e Vaupel indicam que a expectativa de vida feminina nos países que mantêm registros cresceu durante espantosos 160 anos, em ritmo constante de quase três meses por ano, e não há um fim à vista. A aparente nivelação em alguns países se deve ao fato de os retardatários estarem se aproximando e os líderes ficando para trás. Surpreendentemente, não há um único país que não tenha conhecido melhorias na mortalidade neonatal e infantil desde 1950.[30]

Angus Deaton acha o argumento otimista mais atraente: "desde que as pessoas se rebelaram contra a autoridade no iluminismo e decidiram usar a força da razão para melhorar suas vidas, elas encontraram uma maneira de fazê-lo e há poucas dúvidas de que continuarão a obter vitórias contra as forças da morte."

Quando as pessoas ficaram mais saudáveis e tiveram acesso a um fornecimento estável de alimentos, passaram a trabalhar mais e melhor. Conforme a expectativa de vida crescia, as habilidades podiam ser desenvolvidas por mais tempo e empregadas de maneira melhor. Famílias menores significaram que cada criança conseguiu um início de vida melhor e uma educação mais longa. A humanidade finalmente pôde começar a derrotar aquele antigo flagelo, a pobreza.

4

Pobreza

A pobreza não tem causas. Só a prosperidade tem causas.

Jane Jacobs[1]

Por que algumas pessoas são pobres?

Essa é a pergunta errada.

Não precisamos de uma explicação para a pobreza, porque esse é o ponto de partida para todo mundo. A pobreza é o que você tem até que crie riqueza. É fácil esquecer as horríveis circunstâncias de vida de nossos ancestrais, mesmo nos países mais ricos. A definição aceita de pobreza em um país como a França era muito simples: se você podia comprar pão para sobreviver mais um dia, não era pobre. Em tempos difíceis, as cidades ficavam tomadas por exércitos de pobres, vestindo farrapos e implorando algo para comer.

Mesmo em tempos normais, as margens eram excessivamente estreitas. O historiador econômico francês Fernand Braudel descobriu que os inventários de propriedade no momento da morte de europeus comuns antes do século XVIII "testemunham quase exclusivamente a pobreza universal". Seriam estas as posses de uma pessoa idosa,

PROGRESSO

com uma vida inteira de trabalho atrás de si: "algumas poucas roupas velhas, um tamborete, uma mesa, um banco, o estrado de uma cama e sacos cheios de palha. Relatórios oficiais de Borgonha entre os séculos XVI e XVIII estão cheios de 'referências a pessoas [dormindo sobre a palha] [...] sem cama ou mobília', só separadas 'dos porcos por uma tela'."[2]

Uma pesquisa feita em 1564 em Pescara, no mar Adriático, uma cidade não particularmente pobre, com uma fortaleza e uma guarnição, descobriu que três quartos das famílias da cidade viviam em abrigos improvisados. Na abastada Gênova, as pessoas pobres se vendiam como escravas de galé todos os invernos. Em Paris, os muito pobres eram acorrentados em pares e forçados ao duro trabalho de limpar esgotos. Na Inglaterra, tinham de trabalhar nos asilos para receber auxílio, labutando por longas horas sem quase nenhum pagamento. Alguns eram instruídos a moer ossos de cães, cavalos e bois para produzir adubo, até que uma inspeção feita em 1845 encontrou os famintos disputando os ossos apodrecidos para sugar o tutano.

A despeito de alguns altos e baixos, a humanidade não experimentou quase nenhum desenvolvimento econômico até o início do século XIX. De acordo com estimativas aproximadas feitas pelo economista Angus Maddison, o PIB *per capita* — o valor dos bens e serviços por pessoa — cresceu somente 50% entre os anos 1 e 1820, insuficiente para que as pessoas conhecessem qualquer crescimento de riqueza durante a própria vida.[3]

O continente europeu era um pouquinho mais privilegiado que os outros, mas, em 1820, o PIB *per capita* nos países mais ricos da Europa ocidental equivalia a algo entre 1.500 e 2.000 dólares (em dólares de 1990, ajustados pelo poder de compra). Isso é menos que o encontrado atualmente em Moçambique e no Paquistão. Mesmo que toda a renda fosse distribuída de modo perfeitamente equânime (o que certamente não era), significaria uma vida de extrema privação para todos. O cidadão do mundo médio vivia em abjeta miséria, tão pobre quanto a pessoa média de hoje no Haiti, na Libéria e no Zimbábue.

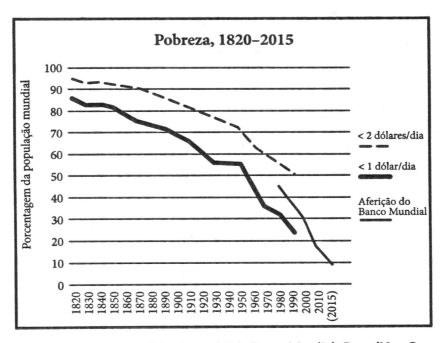

Fontes: Bourguignon e Morrisson, 2002; Banco Mundial, *PovcalNet*; Cruz, Foster, Quillin e Schellekens, 2015.[4]

No início do século XIX, as taxas de pobreza, mesmo nos países mais ricos, eram mais altas que as dos países pobres de hoje. Nos Estados Unidos, na Grã-Bretanha e na França, entre 40% e 50% da população vivia no que agora chamamos de extrema pobreza, algo só encontrado atualmente na África Subsaariana. Na Escandinávia, Áustria-Hungria, Alemanha e Espanha, entre 60% e 70% da população era extremamente pobre.[5] Não ter casa era uma condição comum. Entre 10% e 20% das populações europeia e americana eram classificadas como paupérrimas e sem domicílio pelos órgãos oficiais.[6]

Até então, a escola econômica dominante, o mercantilismo, acreditava que a pobreza era necessária. Ela era considerada a única maneira de incentivar as pessoas a trabalharem duro, e se achava que os salários baixos reduziam o custo de produção, fazendo com que o país permanecesse competitivo. Se os pobres recebessem aumento, sairiam do emprego e terminariam na taverna, de acordo com muitos pensadores da época. O economista escocês Adam Smith, arqui-inimigo do mercantilismo, achava que isso estava errado, argumentando que salários mais altos fariam com que as pessoas trabalhassem mais e que "nenhuma sociedade pode ser seguramente florescente e feliz se a imensa maioria de seus membros é pobre e miserável".[7] As ideias de Smith e de outros pensadores iluministas causaram respeito crescente pelos pobres que trabalhavam tão duro.

Na época, a Revolução Industrial tomava conta da Europa, a começar pela Inglaterra, um país no qual o controle governamental sobre a economia fora reduzido e a elite não tentava resistir às novas tecnologias, como ocorria em outros lugares. Uma nova abertura para experimentos e aplicações tecnológicas das descobertas científicas melhorou os métodos de produção, que haviam permanecido praticamente os mesmos durante milhares de anos. A fiação e a tecelagem foram mecanizadas, e o motor estacionário tornou possível produzir eletricidade nas cidades, sem rodas d'água. Conforme a inovação trazia aumentos sem precedentes na produtividade, o valor produtivo de cada trabalhador crescia, assim como a renda. Entre 1820 e 1850, quando a população cresceu em um terço, a renda real dos trabalhadores aumentou em quase 100%.[8] Se as tendências iniciais tivessem se mantido, a pessoa média levaria 2 mil anos para dobrar sua renda, mas os ingleses conseguiram isso em apenas trinta.

Karl Marx achava que o capitalismo tornaria os ricos mais ricos e os pobres mais pobres. Se alguém fosse ganhar no mercado livre, outro alguém teria de perder. A classe média se tornaria proletária

POBREZA

e os proletários morreriam de fome. Mas, quando Marx morreu, em 1883, o inglês médio estava três vezes mais rico que quando ele nasceu, em 1818. Em 1900, a pobreza extrema na Inglaterra já fora reduzida em três quartos, para cerca de 10%. Nunca antes a raça humana conhecera algo assim.

Após milhares de anos durante os quais nenhum país tivera um crescimento sustentado da renda *per capita*, o Ocidente começou a crescer mais de 1% *per capita* anualmente entre 1820 e 1870, uma taxa que chegou a 1,6% entre 1870 e 1913 e acelerou novamente após as duas guerras mundiais. Desde 1820, o PIB *per capita* no mundo ocidental cresceu mais de quinze vezes. No início dos anos 1900, a pobreza extrema diminuiu entre 10% e 20% na Europa ocidental e na América do Norte. O fato de que passamos a trabalhar de forma mais inteligente, com tecnologias melhores, também tornou possível reduzir as horas de trabalho. A semana de trabalho média dos americanos perdeu 25 horas desde 1860. Acrescente-se a isso o fato de que também começamos a trabalhar mais tarde, a nos aposentar mais cedo e a viver mais tempo após a aposentadoria. Se computássemos as horas extras de lazer ao salário médio, o PIB *per capita* cresceria em cerca de 120%.[9]

Essa foi a primeira Grande Ascensão da pobreza e da privação humana, como o Programa das Nações Unidas para o Desenvolvimento (PNUD) memoravelmente descreveu.[10] A ascensão estava quase completa nos anos 1950, quando a pobreza extrema foi erradicada de quase todos os países da Europa Ocidental. Nesse momento, começou a segunda Grande Ascensão. Ela teve início na Ásia Oriental, onde países como Japão, Coreia do Sul, Taiwan, Hong Kong e Cingapura se integraram à economia mundial e provaram ao mundo que o desenvolvimento era possível para os "países em desenvolvimento". E ganhou velocidade quando os dois gigantes mundiais, China e Índia, decidiram começar a abrir suas economias em 1979 e 1991, respectivamente. O progresso das economias asiáticas é sem precedentes.

Desde 1950, o PIB *per capita* da Índia aumentou cinco vezes; o do Japão, onze; e o da China, quase vinte.

Não era isso que o mundo esperava. Nos anos 1960 e 1970, o autor sueco Lasse Berg e o fotógrafo Stig Karlsson visitaram vários países asiáticos, documentando a miséria e alertando sobre o desastre iminente. Eles haviam lido o que os especialistas escreveram sobre um continente sem esperanças, onde esperavam encontrar superpopulação, guerras infindáveis e fome. Tinham aprendido com o economista Gunnar Myrdal, a autoridade sobre a Ásia naqueles dias, que a China era caótica demais para funcionar, a Malásia tinha divisões étnicas muito profundas, e os sul-coreanos não possuíam ética do trabalho em função de sua religião. Berg e Karlsson viram o que esperavam ver e acharam que o pior ainda estava por vir: "O juízo final está chegando, de um jeito ou de outro."[11]

Mas, nos anos 1990, retornaram aos mesmos lugares e vilarejos e encontraram um continente de esperança. "Nada era o que eu esperava", escreveu Berg:

> Minha Ásia sobreviveu. Melhores roupas, mais comida, mais segurança. Mas, acima de tudo, uma revolução na mente das pessoas. Onde a pobreza costumava ser natural ("meus pais eram pobres, eu sou pobre, meus filhos serão pobres — sempre foi e sempre será assim"), agora era considerada ultrajante, injusta e insustentável pelos próprios pobres. Dava-se o mesmo em todos os países: Índia, China, Japão, Indonésia, Malásia, Coreia do Sul etc. Menos pobreza, rápido crescimento da expectativa de vida, mais abertura, liberdade e conhecimento. As coisas acabaram muito melhores do que eu achava possível.[12]

Na Índia, eles descobriram que mesmo os vilarejos mais pobres já não cheiravam a urina e fezes, e as palhoças de lama começavam a ser substituídas por construções de tijolos, mantendo o calor e os

POBREZA

insetos do lado de fora. Tinham instalações elétricas e aparelhos de televisão. Quando eles mostravam aos jovens indianos como eram as coisas em sua última visita, os jovens se recusavam a acreditar que se tratava do mesmo lugar. Será que as coisas realmente podiam ter sido tão miseráveis? Quando Berg retornou novamente em 2010, a transformação fora ainda mais longe. Havia motocicletas e grandes mercados e todo mundo tinha celulares. Mesmo os mais pobres viviam em casas de tijolos com grades nas janelas. O observador casual poderia dizer que isso significava que o crime havia aumentado. Para Berg, significava que mesmo os mais pobres possuíam algo que valia a pena roubar.

A chave para o desenvolvimento da Ásia foi sua integração à economia global. Transportes e tecnologias de comunicação melhores e mais abertura para o comércio, além do investimento em anos recentes, tornaram possível que países de baixa e média renda prosperassem. Mesmo países pobres que abriram suas economias conseguiram encontrar um nicho no mundo do livre-comércio, produzindo mercadorias simples, mas de trabalho intensivo, como roupas, brinquedos e eletrônicos. Isso levou a um aumento constante das habilidades e da produção, de modo que eles se tornaram melhores em uma produção mais qualificada e baseada em tecnologia e, eventualmente, conhecimento, como finanças, leis, relações públicas, pesquisa e educação. Isso, por sua vez, deu a outros países pobres uma oportunidade de ocupar o nicho de trabalho intensivo. É por isso que as economias da Ásia Oriental foram comparadas a uma revoada de gansos. De suas diferentes posições, elas se moveram adiante para posições melhores, passo a passo.

Em nenhum lugar isso aconteceu em escala mais ampla que na China, um país no qual três gerações em torno da mesa de jantar podem contar toda a história de ascensão dos trapos à riqueza, da fome e da agricultura de subsistência à programação de computadores e fabricação de cosméticos. No início dos anos 1980, a cidade de Guangzhou, no sudeste da província chinesa de Guangdong, tinha apenas dois edifícios com mais de dez andares. Tratava-se de uma das mais miseráveis províncias de uma China desesperadamente pobre, sem capital nem recursos para o desenvolvimento. Mas os fazendeiros e os habitantes dos vilarejos montaram pequenos negócios e começaram a melhorar a produção. Como vimos no caso dos fazendeiros de Xiaogang, frequentemente o fizeram sem reconhecimento oficial, mas suas ações inspiraram as lideranças a pensar de maneira diferente.

Em seus esforços para tirar o país da pobreza abissal, o Partido Comunista chinês aprendeu com os "tigres" econômicos asiáticos, como Coreia do Sul, Taiwan, Hong Kong e Cingapura, mas também com experimentos locais com fazendas privadas e pequenos negócios. Assim, a partir de 1980, criou em Guangdong zonas econômicas especiais, isentas das regras da economia planificada. A produção era majoritariamente baseada em forças de mercado; investimentos e tecnologias eram bem-vindos e era permitido participar do comércio internacional. As empresas combinavam investimentos de Hong Kong e Taiwan, recebiam trabalhadores das províncias do norte e vendiam para os mercados ocidentais.

Embora salários mais altos tenham motivado os trabalhadores a se mudarem para as novas cidades industriais, isso criou novos problemas. Dois representantes trabalhistas locais me ensinaram um antigo provérbio chinês: "Tudo é bom em casa. Tudo é difícil para quem se muda." A falta de direitos formais de propriedade significa que os migrantes não podem vender suas posses ao partir e, ao retornarem a suas cidades natais, frequentemente descobrem que as autoridades locais se apropriaram de suas terras. O sistema de registro *hukou*, atualmente sob reforma, faz com que os migrantes percam seus direitos automáticos ao sistema de saúde e ao ensino público. Tentativas de organizar sindicatos são esmagadas pelo governo.

POBREZA

Mas o rápido crescimento da produtividade também aumentou os salários e melhorou as condições de trabalho. Guangdong se transformou em centro produtor e exportador, e inspirou o restante do país a ir na mesma direção. Quase nove em dez chineses viviam em extrema pobreza em 1981. Somente um em dez o fazem hoje. Caminhando hoje ao longo do iluminado e escrupulosamente limpo cais do rio das Pérolas, pode-se ver as obras em andamento de novos arranha-céus muito depois do expediente. Os dois edifícios com mais de dez andares agora têm companhia. Provavelmente dois novos edifícios foram terminados durante a semana que fiquei por lá. Hoje, há mais de cem arranha-céus em toda a cidade.

Depois da China, foi a vez de outro gigante, a Índia. Um economista indiano que conheci, Parth Shah, disse que o país aprendeu com Taiwan e com a Coreia do Sul, mas, obviamente, também com seu maior vizinho, a China: "vimos que eles modificaram seu modelo e tiveram sucesso e que era hora de a Índia aprender a lição."

Isso foi importante em 1991, quando uma bolha de crescimento alimentada com dívidas estourou e as reservas estrangeiras ficaram tão reduzidas que a Índia mal podia financiar três semanas de importação. A crise fez com que o ministro das Finanças Manmohan Singh se levantasse no Parlamento e citasse um romântico do século XIX, Victor Hugo: "Nada é mais poderoso que uma ideia cujo tempo chegou." A ideia era desmantelar o protecionismo e a economia planejada que mantinham a Índia na pobreza desde sua independência, em 1947. As licenças foram extintas, as tarifas alfandegárias, reduzidas e os indianos ganharam mais liberdade para abrir empresas e competir com antigos monopólios. O que costumava ser conhecido como "taxa de crescimento hindu" — um crescimento mais lento que o da população — tornou-se história. Desde as reformas, a renda média cresceu 7,5% ao ano, o que significa que dobrou em uma década.

PROGRESSO

A transição pode ser vista entre os *dalits*, que ocupam o nível mais baixo do sistema indiano de castas. Representando quase um quarto da população, eles não tinham acesso à educação e recebiam os piores e mais sujos trabalhos, como limpar banheiros, remover e curtir peles e lidar com os mortos. Como isso os expunha a sujeira e germes, tornou-se tabu até mesmo chegar perto deles e eles passaram a ser conhecidos como "intocáveis". Eram forçados a viver em guetos e não podiam sequer entrar em templos, sendo obrigados a rezar do lado de fora.

Mas um benefício da urbanização e da liberalização é que os mercados se importam com o que as pessoas fazem e a que custo, e não de onde vêm ou qual sua história familiar. Quando as empresas foram expostas à competição, subitamente se tornou custoso conceder favores às classes superiores e discriminar bons trabalhadores apenas porque eram *dalits*.

Em um documentário que fiz em 2015, *India Awakes* [A Índia desperta], acompanhamos um *dalit*, Madhusudan Rao, que saiu de seu vilarejo e se mudou para Hyderabad em busca de uma vida melhor. Lá, ouviu um capataz repreendendo um funcionário por não conseguir trabalhadores suficientes para cavar valas para os cabos de telecomunicação. Madhusudan se ofereceu para encontrar 25 trabalhadores até as 22 horas. Emprestou dinheiro da irmã para alugar um caminhão, foi para o interior e encontrou homens dispostos e capazes de trabalhar. O capataz ficou satisfeito e os trabalhadores foram pagos imediatamente. Madhusudan ganhou mais dinheiro naquele dia do que já vira em toda sua vida.

Depois disso, começou a trabalhar no setor e abriu uma construtora com 350 funcionários. "Quando contrato funcionários, não vejo castas. Vejo se eles têm talento." Madhusudan se mudou para uma casa elegante, outrora reservada às castas mais altas, e foi capaz de proporcionar uma vida confortável a toda a família. Sua sogra está

POBREZA

exultante: "Meu genro foi abençoado por Deus. Quando uma árvore cresce bastante, torna-se abrigo para plantas e criaturas e fornece sombra a muitos. Aqui é a mesma coisa. Se alguém da família está bem, é capaz de ajudar os outros."

Os dados do país mostram que, entre 1993–1994 e 2011–2012, a pobreza decresceu quase 24%, mas a taxa entre os *dalits* decresceu ainda mais, quase 31%. Temos dados mais detalhados de dois distritos do maior estado da Índia, Uttar Pradesh, entre 1990 e 2008. Lá, a porcentagem de residências *dalits* com ventiladores elétricos (o que pressupõe acesso à eletricidade) cresceu de 3% para 49% e a dos que vivem em casas de tijolos aumentou de 28% para 80%.

O progresso material dos *dalits* caminhou de mãos dadas com o empoderamento social dos pobres. A prática de manter lugares separados em casamentos das castas superiores caiu de 75% para 13% e a porcentagem de não *dalits* que aceitam comida e água em residências *dalits* subiu de 3% para 60%. Chandra Bhan Prasad, hoje conselheiro da Câmera de Comércio Dalit, participou das insurreições maoistas para lutar contra o sistema de castas; mas, hoje, acha que "o capitalismo modifica o sistema muito mais rapidamente".[13]

O efeito sobre a autoestima e o preconceito é crucial, dado que a pobreza não é apenas uma condição material, mas também uma situação psicológica que pode levar a "sentimentos de derrota, pesar, angústia, preocupação, loucura, frustração, raiva, alienação, humilhação, vergonha, depressão, ansiedade e medo".[14] Em um estudo baseado em entrevistas com 60 mil homens e mulheres pobres de mais de sessenta países, o Banco Mundial documentou a experiência da pobreza. Como se poderia esperar, eles falaram sobre o tratamento humilhante recebido dos ricos ou do governo, sobre corrupção, crime, violência e uma sensação generalizada de insegurança. Alguns falaram sobre a falta de autoconfiança, que fazia com que raramente viajassem para fora de suas comunidades e muitas vezes ficassem o dia todo em casa.[15]

PROGRESSO

A China e a Índia são os maiores países a lutar para derrotar a pobreza, mas representam o que tem acontecido na era da globalização. Entre 1960 e o fim dos anos 1990, os países ricos continuaram a crescer mais que os pobres. Somente 30% dos países em desenvolvimento cresciam mais rapidamente que os Estados Unidos. Em 1997, Lant Pritchett, então economista-chefe do Banco Mundial, publicou o artigo "Divergence, big time" [Uma grande divergência], um título que não deixa muito a imaginar. Ele afirmou que a divergência dos padrões de vida "é a característica dominante da história econômica moderna" e que períodos nos quais países pobres se aproximam rapidamente dos ricos são "historicamente raros".[16]

Mas, desde então, foi exatamente isso que aconteceu. Entre 2000 e 2011, 90% dos países em desenvolvimento cresceram mais rapidamente que os EUA, e o fizeram a uma taxa média de 3% ao ano.[17] Em apenas uma década, a renda *per capita* dos países de baixa e média rendas dobrou.

De acordo com alguns estatísticos, 28 de março de 2012 tornou-se um grande dia para a humanidade. Foi a primeira vez na história moderna que os países em desenvolvimento foram responsáveis por mais de 50% do PIB global, em oposição aos 38% de dez anos antes.[18] Essa convergência faz sentido. Se as pessoas têm liberdade e acesso a conhecimento, tecnologia e capital, não há razão para não serem capazes de produzir tanto quanto as pessoas de outros lugares. Um país com um quinto da população mundial deveria produzir cerca de um quinto da riqueza do mundo. Esse não foi o caso durante séculos, porque muitas partes do mundo eram contidas por opressão, colonialismo, socialismo e protecionismo. Mas agora esses fatores retrocederam, e uma revolução na tecnologia de transportes e comunicações tornou mais fácil tirar vantagem da divisão global do trabalho e do uso de tecnologias e conhecimentos que outros países levaram gerações e vastas somas de dinheiro para desenvolver.

POBREZA

Isso resultou na maior redução da pobreza que o mundo já viu. O Banco Mundial categoriza uma pessoa como vivendo em "extrema pobreza" se não puder consumir mais de 1,90 dólar por dia, em preços de 2005. Os números são ajustados pela inflação e pelo poder local de compra, de modo que (ao menos em teoria) deveriam representar exatamente o mesmo padrão de vida em qualquer lugar — Brasil ou Burkina Faso — e época — 1981 ou 2015. Essa linha de extrema pobreza é a média das linhas nacionais de pobreza dos quinze países em desenvolvimento mais pobres, sendo por isso muito mais baixa que as linhas de pobreza das quais se ouve falar no Reino Unido ou nos Estados Unidos.

Possuímos estatísticas detalhadas nessa área desde 1981, baseadas em mais de mil mapeamentos regularmente atualizados das residências nacionalmente representativas em quase todos os países de baixa e média renda. Em 1981, 54% da população do mundo em desenvolvimento vivia em condições de extrema pobreza, de acordo com o Banco Mundial. Isso já é um feito histórico. De acordo com uma ambiciosa tentativa de mensurar a pobreza no longo prazo, com um limite de 2 dólares diários para a extrema pobreza, ajustados para o poder de compra em 1985, 94% da população mundial vivia em extrema pobreza em 1820, 82% em 1910 e 72% em 1950.[19]

Mas, nas últimas décadas, as coisas realmente começaram a mudar. Entre 1981 e 2015, a proporção de países de baixa e média renda que sofriam com a pobreza extrema foi reduzida de 54% para 12%. A maioria das pessoas nessas condições vivia na Ásia, que foi também onde se deram os maiores progressos. Na Ásia Meridional, a pobreza extrema foi reduzida de 58% para 14% e, notavelmente, na Ásia Oriental e no Pacífico, de 81% para 4%.

PROGRESSO

Tabela 2. Pobreza extrema, porcentagem da população, < 1,90 dólar/dia

	1981	1990	1999	2010	2015
Europa e Ásia Central	—	1,9	7,8	2,8	1,7
América Latina	23,9	17,8	13,9	6,4	5,6
Ásia Oriental	80,6	60,6	37,4	11,2	4,1
Ásia Meridional	58,1	50,6	—	27,2	13,5
África Subsaariana	—	56,8	58	46,1	35,2
Mundo em desenvolvimento	53,9	44,4	34,3	19	11,9
Mundo	44,3	37,1	29,1	16,3	9,6

Fonte: Banco Mundial, *PovcalNet*; Cruz *et al.*, 2015, p. 6. 2015 é uma projeção.

Não preste muita atenção aos números específicos da tabela 2. Quase me sinto culpado por informar os decimais, porque eles fornecem aos números uma falsa sensação de confiabilidade. Não estamos nem perto de ser precisos. Necessitamos nos basear em entrevistas com uma seleção de residências sobre o que consumiram em dado período e então extrapolamos os dados do mapeamento para a população em geral. Há problemas a cada passo do caminho: quem entrevistamos? Quem deixamos de fora? As pessoas se lembram do que consumiram?

POBREZA

São honestas? Os ajustes para a inflação e os preços locais foram feitos corretamente? Assim, temos de ser cautelosos. Mas os erros não seguem sempre a mesma direção e o fato de que os números indicam uma tendência tão incrivelmente forte deve nos dizer algo. Em todas as nossas melhores estimativas, a pobreza global foi reduzida em mais de 1% ao ano, durante três décadas.

Ao mesmo tempo, a população mundial cresceu dramaticamente, e pode ser que o número de pobres tenha aumentado, mesmo que a proporção esteja em declínio. Mas ninguém afirmaria que o desemprego está aumentando em uma sociedade na qual a taxa de desemprego caiu de 10% para 5%, porque a população dobrou no mesmo período. Aqui, seria apropriado considerar o experimento mental do filósofo John Rawl sobre o "véu da ignorância": se tivesse de escolher uma sociedade na qual viver, mas não soubesse qual seria sua posição social ou econômica, você provavelmente escolheria aquela com a mais baixa proporção (e não os números mais baixos) de pobres, pois esse é o melhor indicativo sobre a vida do cidadão médio.[20]

De fato, não importa no que focamos quando se trata de dados recentes. Pela primeira vez na história mundial, mesmo em números absolutos, a pobreza está sendo reduzida. Na Conferência do Milênio das Nações Unidas em 2000, os países de todo o mundo estabeleceram o objetivo de, em 2015, ter reduzido pela metade a incidência de extrema pobreza de 1990. Isso foi feito cinco anos antes do prazo final. Ainda que a população mundial tenha crescido em mais de 2 bilhões entre 1990 e 2015, o número de pessoas que vivem em condições de extrema pobreza foi reduzido em mais de 1,25 bilhão. Isso significa que, durante 25 anos, mais de 5 milhões de pessoas por ano e quase 138 mil pessoas por dia saíram dessa situação. Se levar vinte minutos para ler este capítulo, quase 2 mil pessoas terão saído da pobreza quando você terminar.

Isso marca uma ruptura histórica. Pela primeira vez, a pobreza não está crescendo apenas porque a população está crescendo. Por causa

PROGRESSO

dessa redução, o número de pessoas vivendo em extrema pobreza é agora ligeiramente menor do que era em 1820. Na época, havia cerca de 1 bilhão; hoje, são 700 milhões. Se isso não soa como um grande progresso, note que, em 1820, o mundo tinha apenas cerca de 60 milhões de pessoas que *não* viviam em extrema pobreza. Hoje, mais de 6,5 bilhões de pessoas não vivem. Assim, o risco de viver na pobreza foi reduzido de 94% para menos de 11%.[21]

Há muitas teorias sobre como lutar contra a pobreza e instituições de todo o globo tratam da questão de como tornar o crescimento "pró- -pobres". Mas parece que a melhor maneira de fazer isso é mantê-lo alto. Um estudo em 118 países, durante quatro décadas, mostra que quase todo o incremento de renda entre os mais pobres foi liderado pelo crescimento médio, e não por mudanças na distribuição de renda. Setenta e sete por cento da variação nacional do crescimento da renda entre os 40% mais pobres e 62% entre os 5% mais pobres se devem ao crescimento da renda média. Assim, a quantidade de riqueza sendo gerada tem efeito maior que sua distribuição.

É importante entender a diferença entre essa afirmação e a (fre-quentemente mitológica) teoria do "gotejamento", que assume que, se os ricos ficarem mais ricos, cairão algumas migalhas de suas mesas para os mais pobres. Não é o que tem acontecido. Os pobres estão usando as novas oportunidades de participar de padrões modernos de produção e comércio e se tornando ricos por si mesmos, em vez de esperar que alguém o faça por eles.

Os autores do estudo concluíram que o crescimento econômico é o mais próximo de uma solução mágica que provavelmente jamais veremos:

> Assim, se estamos interessados em "prosperidade partilhada", temos uma boa e uma má notícia. A boa é que as instituições e políticas que promovem crescimento em geral irão, na média, aumentar a renda

POBREZA

dos pobres proporcionalmente, assim promovendo a "prosperidade partilhada". A má é que, entre as políticas macroeconômicas, não há evidência robusta de que alguma seja particularmente "pró-pobres" ou capaz de promover a "prosperidade partilhada", a não ser através de seus efeitos diretos no crescimento econômico total.[22]

O continente que ficou para trás foi a África Subsaariana, onde a proporção de pobreza diminuiu apenas ligeiramente. Como sua população cresceu rapidamente, isso significa que, em relação a 1990, há agora 60 milhões de pessoas a mais em condições de extrema pobreza. O que reflete o terrível histórico de crescimento do continente africano. Após o colonialismo, houve um período de crescimento da economia regional e foram dados os primeiros passos na direção da industrialização, mas isso com frequência ocorreu graças a empresas protegidas, que não podiam competir globalmente e eram financiadas por dívidas. Nos anos 1980, houve uma crise de endividamento e a região levou muito tempo para se recuperar. Entre 1981 e 2000, enquanto a economia da Ásia Oriental dobrou de tamanho, a africana simplesmente não cresceu.

Todavia, muitos países africanos controlaram os gastos e a inflação e começaram a melhorar o clima comercial. Muitos conflitos armados chegaram ao fim. Desde então, houve forte retomada do crescimento. Um continente que já foi sinônimo de estagnação cresce cerca de 5% ao ano desde 2000. Frequentemente se assume que isso se deve somente ao boom das commodities, mas os recursos naturais geram apenas um terço do crescimento, com o restante vindo de setores como manufatura, telecomunicações, transporte e varejo. De fato, países africanos tiveram taxas de crescimento similares, independentemente de contarem ou não com recursos naturais para exportação. A pobreza extrema na África Subsaariana caiu de 57% para 35% desde 1990. Ainda é um sinal de miséria disseminada, mas, pela primeira vez, menos da metade dos africanos vive em condições de extrema pobreza.

A vida nas favelas também está melhorando. De acordo com as Nações Unidas, seus habitantes estão rapidamente ganhando acesso a água potável, saneamento melhorado e casas mais duráveis e menos lotadas. A proporção de pessoas vivendo em favelas também está em declínio. Costumava-se dizer que, com a urbanização, metade dos novos moradores das cidades acabaria nas favelas. Isso já não é verdade. A proporção da população urbana em países de baixa e média renda que vive em favelas caiu de 46% em 1990 para um pouco menos que 30% em 2014. (Ao mesmo tempo, a proporção de habitantes de favelas aumentou dramaticamente em alguns países que sofrem com a guerra ou políticas econômicas desastrosas, como Iraque e Zimbábue.)[23] Assim como a Ásia fez o maior progresso contra a pobreza, também conheceu a maior redução na proporção de habitantes de favelas — na Ásia Oriental de 44% para 25% e na Ásia Meridional de 57% para 31%. Mas esse número foi diminuído em todas as regiões, incluindo a África Subsaariana.

Isso não significa que vimos o fim da pobreza global. Em todo o mundo, mais de 700 milhões de pessoas ainda vivem em condições de extrema pobreza e muitos dos que ascenderam desse limite estão em situação bem vulnerável. Três quintos dos extremamente pobres do mundo vivem em apenas cinco países — Bangladesh, China, República Democrática do Congo, Índia e Nigéria — e suas políticas têm influência desproporcional sobre o futuro da pobreza. Em 26 países, mais de 40% da população vive na extrema pobreza. Com exceção de Bangladesh e do Haiti, eles estão todos na África Subsaariana.

Se os países continuarem a se desenvolver economicamente na taxa em que o fizeram nos últimos dez anos e a distribuição de renda continuar a mesma, em 2030, a extrema pobreza deverá ter sido reduzida em 5,6% da população do mundo em desenvolvimento. Se

POBREZA

o crescimento do consumo *per capita* anual pudesse chegar a 4% em todos os países do mundo, seria reduzida em 3,5%. Na Ásia Oriental, a diminuição seria de 0,3% e na Ásia Meridional, 1,3%.[24]

Haverá obstáculos. Países devastados pela guerra e pelas epidemias presenciaram o crescimento da pobreza, e o mesmo ocorrerá no futuro. Mas, pela primeira vez na história mundial, a pobreza extrema já não é a regra e, em breve, será um fenômeno marginal. Como resultado, as instituições multinacionais estão determinando linhas de pobreza mais elevadas, que refletem maiores ambições. O Banco Mundial já alterou a taxa de extrema pobreza de 1 dólar para 1,25 em 2008 e 1,90 em 2015.

Um resultado do rápido crescimento do mundo em desenvolvimento é a historicamente única redução da desigualdade global. Desde 1820, quando o mundo ocidental começou a crescer, a distância entre os países se expandiu. Mas, como os países pobres agora crescem mais rapidamente que os ricos, vemos convergência pela primeira vez na história econômica moderna. Um estudo do Instituto Peterson tenta mensurar a desigualdade entre os cidadãos do mundo tanto no interior dos países quanto entre eles. Sua conclusão é que a desigualdade global de renda começou a declinar de forma significativa na virada do século. De acordo com suas estimativas, o coeficiente de Gini, uma escala na qual 0 significa que todos possuem a mesma riqueza e 1 significa que uma pessoa tem toda a riqueza, caiu de 0,69 em 2003 para 0,65 em 2013. Ainda é uma distribuição extremamente desigual, comparável à da África do Sul, talvez o país mais desigual do planeta. Mas, se as previsões econômicas para as próximas duas décadas estiverem próximas da verdade, o coeficiente de Gini vai cair ainda mais, chegando a 0,61 em 2035.[25]

Vivemos em uma época notável. Nunca antes o mundo viu tal grandiosa redução da pobreza. De certo modo, a globalização é maior que a Revolução Industrial. Quando o mundo ocidental começou a se industrializar, por volta de 1800, éramos 200 milhões de pessoas e levamos cinquenta anos para dobrar a renda média. A China e a Índia fizeram o mesmo com dez vezes mais pessoas, cinco vezes mais rapidamente. Assim, de certa maneira, pode-se dizer que a globalização é cinquenta vezes maior que a Revolução Industrial.

Essa gigantesca mudança, com a emergência de uma classe média mundial, não alterará apenas os padrões de consumo, mas também nosso estilo de vida e nossas atitudes em relação à vida e aos outros seres humanos. Pessoas com algo precioso a perder — uma boa e longa vida pela frente — não estão dispostas a arriscar tudo por ganhos temporários. Pessoas que acreditam no futuro também investem mais no futuro.

5

Violência

A guerra parece tão velha quanto a humanidade, mas a paz é uma invenção moderna.

Henry Maine, 1875[1]

Com o crime violento chegando às manchetes todos os dias, incluindo os legados do 11 de setembro, Ucrânia, Iraque, Afeganistão, Síria, os horrores do Estado Islâmico e ataques terroristas em grandes cidades europeias, com frequência pensamos que nossa era tem sido especialmente atingida pela violência. Mas os psicólogos demonstraram que não baseamos nossa estimativas em fatos, mas em quão facilmente os exemplos nos vêm à memória.

Tendemos a pensar em conflitos novos ou correntes, como a guerra civil na Síria, mas nos esquecemos dos que chegaram ao fim em países como Sri Lanka, Angola e Chade no mesmo período. Pensamos nas guerras recentes no Afeganistão e no Iraque, que mataram cerca de 650 mil pessoas, mas raramente falamos dos conflitos entre 1979 e 1989, que mataram mais de 2 milhões nesses países.

PROGRESSO

A guerra e a violência costumavam ser o estado natural da humanidade. O cientista cognitivo Steven Pinker, em cuja exaustiva pesquisa sobre a história da violência me baseei para escrever este capítulo, afirma que a enorme redução da violência "pode ser a coisa mais importante que já aconteceu na história humana".[2]

Um passeio por nossa herança cultural, nossos mitos, nossos provérbios e mesmo nossa linguagem revela o quanto a violência brutal era uma ocorrência cotidiana. Os velhos contos que os irmãos Grimm coletaram e recontaram no início do século XIX estão repletos de assassinato, canibalismo, mutilação e abuso sexual. O show de marionetes de Polichinelo, popular na Inglaterra desde ao menos o final do século XVII, frequentemente mostra Polichinelo agredindo e, às vezes, matando seu bebê e então discutindo e assassinando a esposa e outras pessoas, para grande diversão da plateia. Muitas cantigas infantis incluem assassinato, horror e assédio sexual. Um estudo comparou a violência na televisão inglesa antes das 21 horas e em rimas infantis, e chegou à conclusão de que a frequência com que ela surge nas cantigas é cerca de onze vezes maior que a exibida nos programas considerados seguros para crianças.[3]

Os épicos da Grécia Antiga são catálogos de matança. A guerra de Troia, em *Ilíada*, começa com a disputa por uma mulher e termina no saque a Troia. O rei Agamenon, que sacrifica a filha pelo sucesso da guerra, decide que todos os troianos devem morrer, incluindo os bebês nos ventres das mães. Ulisses é um personagem mais esperto que não precisa recorrer à violência a cada situação problemática que encontra. Mas, quando retorna a Ítaca após vinte anos, mata os 108 homens que haviam cortejado sua esposa quando achavam que ele estava morto.

A Bíblia também está cheia de violência brutal — perpetrada pelos caras bons. No Velho Testamento, as pessoas casualmente matam, escravizam e estupram mesmo os membros de suas famílias. E a escala é assustadora. Quando Moisés descobre que algumas pessoas de seu povo adoram um bezerro dourado, ele executa 3 mil delas e então inicia uma implacável matança étnica, ordenada por Deus: "nenhuma coisa que respira deixarás com vida. Destrui-las-ás totalmente: heteus, amorreus, cananeus, perizeus, heveus e jebuseus, como ordenou o Senhor teu Deus." (Deuteronômio 20: 16–17) Em certo momento, Moisés repreende seus homens por terem permitido que mulheres e crianças sobrevivessem e ordena que voltem: "Agora, pois, matai todo homem entre as crianças e toda mulher que conheceu algum homem, deitando-se com ele." (Números 31: 17–18) O próprio Deus chega a aconselhar o estupro: "um de vocês poderá ver entre eles uma mulher muito bonita, agradar-se dela e tomá-la como esposa." (Deuteronômio 21: 11)

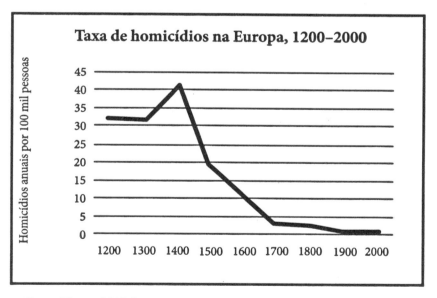

Fonte: Eisner, 2003.[4]

Atualmente, muitos objetam à crueldade contra os animais em circos, mas, nos tempos romanos, o circo, de "pão e circo", significava a morte de milhares de pessoas por entretenimento, em arenas como o Coliseu. Gladiadores lutavam até a morte e mulheres nuas eram amarradas a estacas e violentadas ou dilaceradas por animais. A violência não estava reservada àqueles no último degrau da sociedade romana: 34 dos 49 imperadores romanos anteriores à divisão do império foram assassinados.

O crucifixo é um símbolo do cristianismo porque Jesus foi crucificado como os criminosos usualmente o eram. Santo André, padroeiro da Escócia, foi crucificado em uma cruz em forma de "x", o que é lembrado nas listras diagonais da bandeira do Reino Unido. O Novo Testamento é mais pacífico que o Antigo, mas, na era medieval e no início da era moderna, a Igreja cristã encontrou inspiração nele para lidar com hereges e criminosos em algumas das antigas histórias sobre as punições praticadas no inferno.

A tortura e a mutilação foram regularmente aplicadas em todas as grandes civilizações, dos assírios, persas e chineses aos reinos africanos e às tribos americanas, mas a cultura cristã medieval foi mais criativa que a maioria, e algumas das melhores mentes daquela era se ocuparam em encontrar maneiras de infligir tanta dor quanto possível, antes que as pessoas confessassem ou morressem. Como resumiu Steven Pinker:

> A tortura era empregada por governos locais e nacionais em todo o continente e foi codificada em leis que prescreviam cegueira forçada, marcação a ferro, amputação de mãos, orelhas, narizes e línguas e outras formas de mutilação como punição por crimes menores. As execuções eram orgias de sadismo, cujo clímax eram as mortes demoradas, como a queima na estaca, a roda, o desmembramento por cavalos, a empalação através do reto, a estripação enrolando os intestinos da vítima em um carretel e mesmo a forca, que era um estrangulamento longo, e não uma quebra rápida do pescoço.[5]

VIOLÊNCIA

Sabemos que a tortura também é praticada hoje, especialmente nas ditaduras, mas mesmo em algumas democracias avançadas, como os Estados Unidos. Entretanto, sem desculpar sua existência, há grandes diferenças. Mais frequentemente, ela é exceção, e não ocorrência cotidiana regular, e o foco maior é extrair informação, não infligir dor. Na maioria dos casos, ocorre em segredo, escondida, dado que a maior parte das pessoas agora a condena, ao passo que costumava ser algo feito a céu aberto, com aprovação do público.

A tortura medieval não era uma maneira primitiva e brutal de tentar manter a violência pública sob controle. A maioria dos crimes que enviava as pessoas para o cavalete eram ofensas não violentas: pecados, mais que crimes como os conhecemos, como heresia, blasfêmia, apostasia, fofoca, reproche, atos sexuais não convencionais e críticas ao governo. A Inquisição espanhola provavelmente matou algo em torno de 350 mil pessoas e torturou incontáveis outras, às vezes pela suspeita de usar roupa de baixo limpa aos domingos ou tomar banhos.

No século XV, dois clérigos publicaram o *Malleus Maleficarum* — *O martelo das feiticeiras*, que foi comparado a uma bizarra combinação entre Monty Python e *Mein Kampf*. Ele afirmava que as bruxas estavam entre nós e eram em sua maioria mulheres (dado que as mulheres são de natureza incontrolável, mentirosas e tão insaciáveis que tomam demônios como consortes). Quaisquer bruxas descobertas tinham de ser mortas. Ele era usado como guia nos tribunais e, durante os dois séculos seguintes, caçadores de bruxas franceses e alemães mataram entre 60 e 100 mil mulheres por bruxaria. A última vez em que uma mulher inglesa foi executada como bruxa foi em 1727.

Nossos contos sobre cavaleiros medievais, escritos entre os séculos XII e XIII, são, é claro, orgias de extrema violência, frequentemente por nenhuma outra razão além de provar bravura e honra. Os cavaleiros matavam pelo mais ligeiro insulto. Seu suposto cavalheirismo não corresponde a nada que chamaríamos por esse nome. Um dos modos de batalha do cavaleiro era arruinar seu inimigo matando tantos camponeses quanto possível e destruindo suas plantações e propriedades. Um cavaleiro tentou seduzir uma princesa prometendo estuprar, em sua homenagem, a mulher mais bela que encontrasse.

Se queremos encontrar o período mais violento da humanidade, temos de voltar bastante no tempo, até os grupos tradicionais de caçadores-coletores e caçadores-horticultores. Eles às vezes foram romantizados como "bons selvagens", mas os sítios arqueológicos de 14.000 a.C. a 1770 d.C. contam outra história. Podemos dizer a diferença entre uma morte pacífica e outra violenta porque ossos vivos quebram como vidro, com bordas afiadas e irregulares, ao passo que ossos mortos quebram como giz, em ângulos retos. Cerca de 15% das pessoas nesses grupos sofreram morte violenta.

Mas a violência também pode parar. Um exemplo interessante é o sacrifício humano, que foi praticado entre egípcios, gregos, romanos, escandinavos, chineses e japoneses. Entre 1440 e 1524, os astecas podem ter realizado quarenta sacrifícios por dia, em um total de 1,2 milhão de pessoas. A explicação histórica é uma versão do problema do mal: se existe Deus, por que há tanto mal no mundo? Em um mundo de mortes súbitas e precoces, violência e fome, era fácil assumir que os deuses estavam sedentos de sangue e, se esse era o caso, por que não tentar apaziguá-los sacrificando alguém, em vez de esperar que viessem atrás de você?

Mas o sacrifício humano também foi abolido em todas as culturas, frequentemente sendo primeiro substituído pelo sacrifício animal. Pode ser que o conhecimento da história e de outras culturas forneça evidências para se contrapor a tais crenças. Pode ser que a maior riqueza, juntamente com vidas mais longas e previsíveis, diminua o fatalismo e, de modo geral, conduza as pessoas a valorizarem mais a vida dos outros.

VIOLÊNCIA

De acordo com as fontes de Steven Pinker, a taxa média anual de morte violenta nas sociedades apátridas — e isso inclui tudo, das tribos de caçadores-coletores até as sociedades formadas durante a corrida do ouro na Califórnia — é de 524 por 100 mil. Se somarmos todas as mortes por guerras, genocídios, expurgos e fomes causadas pelo homem no século XX, ainda assim não chegaremos a uma taxa mais elevada que 60 por 100 mil, anualmente.[6]

O primeiro passo no processo de pacificação foi associado às civilizações agrícolas iniciais. Elas eram mais hierarquizadas e podiam ser inacreditavelmente brutais com seus cidadãos, mas reduziram os ataques e as disputas constantes entre comunidades não assentadas e levaram a um declínio de quase cinco vezes das mortes violentas.

Nos séculos XIII ao XV, a taxa de homicídios nas regiões mais avançadas da Europa caíra para entre 30 e 40 por 100 mil pessoas, ao ano. Em Londres e Oxford, no século XIV, chegava a entre 45 e 110 por 100 mil. Esse número é muito mais baixo que o das sociedades apátridas, mas ainda entre trinta e quarenta vezes mais elevado que o atual. Para comparação, a taxa de homicídios nos Estados Unidos, que são muito mais violentos que a Europa, é agora menor que 5 pessoas a cada 100 mil.[7]

Como nota Barbara Tuchman em sua história da Europa do século XIV, a violência brutal era parte da vida cotidiana. A caminho da igreja, os moradores dos vilarejos passavam por criminosos sendo açoitados ou presos em colares de aço. Na igreja, viam imagens e esculturas de santos sofrendo martírios atrozes, com flechas, espadas, fogo e sangue por toda parte, e sabiam que a Igreja regularmente empregava métodos similares nos hereges e suas testemunhas. A caminho de casa, podiam passar por cadáveres e ver cabeças decapitadas e corpos esquartejados, empalados em estacas nos muros das cidades. Ao mesmo tempo, o entretenimento popular significava ainda mais violência. Tuchman menciona pessoas que compraram um criminoso da cidade vizinha pelo prazer de vê-lo esquartejado a machadadas. Outros jogos populares incluíam amarrar as mãos atrás das costas e matar gatos apenas com cabeçadas ou perseguir porcos em um grande chiqueiro, batendo neles com porretes até que estivessem mortos. "Pode ser que a nada terna infância medieval produzisse adultos que não valorizavam os outros, assim como não haviam sido valorizados em seus próprios anos formativos."[8] Foi uma era repleta de carnificina e sadismo.

Mas, no início da era moderna, algo incrível aconteceu. A taxa europeia de homicídio caiu de entre trinta e quarenta para dezenove a cada 100 mil pessoas no século XVI e 11 no século XVII. No século XVIII, chegou a 3,2 e hoje é cerca de um a cada 100 mil. Em seu estudo sobre as taxas históricas de homicídio, Manuel Eisner explica que esse processo começou na Inglaterra e nos Países Baixos, centros de modernização nos quais a urbanização, a economia de mercado e a alfabetização foram mais longe. Então se espalhou pela Escandinávia, onde as taxas eram inicialmente mais altas, mas também declinaram mais rapidamente — de 446 por 100 mil no século XV para três no início do século XVIII. Na Itália, as taxas caíram enormemente apenas depois de meados do século XIX.[9]

O passo seguinte no processo de pacificação foi a instituição de regras jurídicas e governos centrais. Os reis puseram fim ao estado de guerra entre cavaleiros e transformaram os senhores da guerra da Idade Média nos cortesãos da Renascença. Previamente, eles haviam precisado demonstrar que podiam ser mais brutais que os outros; agora, tinham de agradar ao rei e se portar de maneira cortês. O Estado moderno construiu sistemas administrativos e judiciais centralizados e um sistema de leis e punições que permitiu que as pessoas mantivessem sua posição social sem recorrer à violência. As forças policiais modernas, como os "*bobbies*" de Sir Robert Peel, sociedade fundada em 1828, restringiram a violência em benefício público.

VIOLÊNCIA

Os métodos iniciais do sistema de justiça, contudo, foram excepcionalmente sinistros durante muito tempo, e as punições eram públicas, a fim de desencorajar outras ofensas. E não somente as execuções, mas também as punições menores, como mãos e dedos sendo cortados e línguas, orelhas e olhos sendo arrancados. Em 1620, um viajante de Dresden para Praga contou "cerca de sete vintenas de forcas e rodas de despedaçamento, com os ladrões pendurados nas forcas, alguns frescos, outros apodrecidos, e as carcaças de assassinos presas nas rodas, membro após membro".[10]

Se não há métodos centralizados de julgamento e punição, os indivíduos têm de estar prontos para defender a si mesmos e a seus familiares e construir a reputação de serem violentos e implacáveis. "Acidentes não acontecem com pessoas que tomam acidentes como insulto pessoal", como disse Vito Corleone em *O poderoso chefão*. Isso pode fazer sentido para o indivíduo, mas também cria violentos códigos de honra, nos quais os homens estão prontos para brigar sempre que de alguma maneira são afrontados. Mais de um quarto dos aristocratas ingleses tinha uma morte violenta nos séculos XIV e XV, parcialmente porque estavam armados e prontos para lutar por sua honra. O menor insulto podia resultar em uma sangrenta briga de rua entre gangues de zangados aristocratas.[11] Atualmente, estamos familiarizados com tal comportamento apenas em culturas de crime organizado, tráfico de drogas e outros setores nos quais as pessoas não podem recorrer à lei para solucionar seus conflitos.

A clássica pergunta é: Quem vigia os vigilantes? O regente pode ter controlado a violência dos cidadãos, mas também usou violência contra eles e começou guerras e genocídios nos quais eles morreram. Embora a violência cotidiana tenha sido reduzida, a violência organizada em escala maciça se tornou possível. O passo seguinte, depois que os governos conseguiram controlar as pessoas, foi dar a elas controle sobre o governo, por meio do Estado de direito, das liberdades civis e da democracia. Mesmo aqueles no poder se beneficiaram dos modos pacíficos. Entre 600 e 1800, cerca de um a cada oito regentes europeus foi assassinado no poder. Um terço dos assassinos assumiu o trono.[12]

Outro fator por trás da redução do crime foi o surgimento do individualismo moral, para o qual o protestantismo e o iluminismo contribuíram de maneiras distintas. Muitos pesquisadores indicaram que a diminuição da violência nem sempre esteve relacionada ao aumento da centralização do Estado, estando integrada a uma mudança cultural mais ampla na direção da responsabilidade individual e da libertação dos laços coletivos. As pessoas começaram a ser vistas como responsáveis por seus crimes e se liberaram da obrigação de vingar seus familiares. Combinado ao surgimento de um Estado que monopolizava a violência, isso retirou o julgamento do âmbito familiar e o transformou em prerrogativa de juízes e soberanos. A cultura da honra lentamente deu lugar a uma cultura de dignidade. A velocidade de reação foi substituída pela disposição em controlar as próprias emoções. Na Grã-Bretanha, a impassividade se tornou o ideal mais atraente. Mente e língua afiadas passaram a ser mais valorizadas que uma espada afiada.

Um terceiro fator foi o surgimento de atitudes mais humanas. Com o crescimento da expectativa de vida e a diminuição do número de filhos por família, o valor percebido de cada vida humana aumentou. A morte prematura já não é norma. Muitos pensadores e historiadores indicaram que o surgimento dos mercados livres contribuiu para uma atitude de longo prazo e para o controle das emoções. As trocas no mercado significavam que outros indivíduos se tornavam potenciais compradores, vendedores, investidores ou colegas, e não apenas potenciais ameaças. A fim de ser bem-sucedido no mercado livre, você precisa entender o ponto de vista do consumidor.

A perspectiva do iluminismo e os movimentos artísticos humanistas forneceram insight de como os outros percebiam a perda e a dor,

VIOLÊNCIA

e agora somos mais empáticos uns com os outros. Obviamente, ainda há aqueles que têm prazer em infligir dor a suas vítimas. A diferença é que agora mesmo sádicos e psicopatas têm direito a um julgamento justo e não podem ser expostos a punição corporal. Foi um processo lento, mas uma grande virada ocorreu no século XVIII. Pensadores iluministas como Voltaire, Montesquieu e, especialmente, Cesare Beccaria explicaram que os criminosos também eram seres humanos e que a punição deveria ser proporcional ao crime. A Carta de Direitos inglesa e a Constituição americana baniram as "punições cruéis e pouco usuais". Começando em países como Inglaterra e Suécia, todos os principais países europeus aboliram a tortura judicial no século XVIII e primeira metade do século XIX.

A Inglaterra aboliu os enforcamentos públicos em 1783 e, após 1834, os cadáveres deixaram de ser expostos nos patíbulos. Em 1822, havia quase trezentos crimes capitais, incluindo falsificação, furto em lojas, roubo de ovelhas, estar em companhia de ciganos durante um mês e fingir ser reservista de Chelsea (a fim de receber pensão militar). Mas a pena de morte estava em declínio e, em 1861, somente cinco crimes capitais permaneceram nos livros: traição, espionagem, assassinato, pirataria e incêndios criminosos nas docas reais.

Durante o século XIX, muitos países europeus pararam de aplicar a pena de morte e, hoje, todos os países do continente, com exceção da Rússia e da Bielorrússia, a aboliram. O fato não é detectável nos debates públicos, mas algo similar ocorreu nos Estados Unidos. Do século XVII ao século XVIII, o número de execuções anuais por 100 mil habitantes caiu de mais de três para menos de 0,5. Hoje, é próximo de 0,1.

O uso governamental da violência com objetivos políticos e bélicos não diminuiu. No século XX, o mundo conheceu duas das mais sangrentas guerras de todos os tempos e Hitler, Mao, Stalin e outros déspotas mataram cerca de 120 milhões de pessoas. A Segunda Guerra

PROGRESSO

Mundial foi a guerra mais sangrenta da história, com estimadas 55 milhões de mortes. Mas, a despeito dessa carnificina, Steven Pinker argumenta que o século XX pode não ter sido o mais sangrento, afinal.

Duas coisas enevoam nosso julgamento. Primeiro, sofremos de miopia histórica e lembramos mais do que está próximo de nós, no tempo. Se nos pedem para pensar em violência, pensamos nas manchetes mais recentes e concluímos que nossa época é particularmente perigosa. É mais difícil nos lembrarmos da Guerra de Independência Argelina, que matou mais de meio milhão de pessoas, da Guerra da Coreia, na qual 1,2 milhão morreram, ou da Guerra dos Trinta Anos, na qual cerca de um terço da população alemã pereceu.

A segunda razão pela qual os números são altos é porque a população mundial é maior que nunca. As invasões mongóis do século XIII podem ter matado 40 milhões de pessoas em uma era na qual a população mundial não chegava a 500 milhões — ou seja, uma a cada oito pessoas. Ajustados os números para o tamanho da população na época, foi cinco vezes pior que a Segunda Guerra Mundial. O conquistador turco-mongol Tamerlão, infame por construir pirâmides com as cabeças de milhares de vencidos, matou proporcionalmente quase tanto quanto Hitler, Stalin e Mao juntos enquanto destruía a Ásia Central e a Pérsia durante o século XIV. A queda da dinastia Ming, no século XVII, foi proporcionalmente duas vezes maior que a Segunda Guerra Mundial, assim como a queda de Roma entre os séculos III e V.

Uma das piores guerras de todos os tempos é uma da qual quase ninguém ouviu falar, a Rebelião de An Lushan contra a dinastia chinesa Tang, entre os anos 756 e 763. As estimativas sobre o número de mortos variam dramaticamente, mas o autointitulado "atrocitólogo" Matthew White coloca o número em 13 milhões, cerca de 5% da população mundial em pouco mais de sete anos.[13]

Antes da era moderna, aquelas guerras eram bem mais devastadoras porque as sociedades ainda eram muito frágeis. Sem nossa riqueza, tec-

VIOLÊNCIA

nologia e medicina, a guerra frequentemente matava por exacerbar as doenças e a fome. Quando Napoleão recuou de Moscou em 1812, mais de 400 mil de seus 500 mil soldados morreram de pneumonia, febre tifoide e disenteria. Os germes eram ainda mais mortais que as armas.

O fato de que havia muito mais pessoas em outros lugares, vivendo em paz, não torna a Segunda Guerra Mundial menos atroz. Mas, se estamos pensando no risco de sermos feridos ou morrermos por causa da guerra, devemos também pensar em proporções e taxas, assim como pensamos em taxas de pobreza e desemprego. Nesse contexto, não importa quão contraintuitivo isso possa parecer, pode-se afirmar que o século XX foi o século menos violento de todos.

Entre o ano 900 e hoje, em média dois novos conflitos entre países europeus ocorreram a cada ano, de acordo com o "Catálogo de conflitos" de Peter Brecke.[14] Duas novas guerras, todos os anos, *durante 1.100 anos*! A Europa foi singularmente violenta, mas o restante do mundo não era muito mais pacífico. Entre 1400 e 1938, o catálogo lista 276 conflitos violentos nas Américas, 283 no Oriente Médio e no norte da África, 586 na África Subsaariana, 313 na Ásia Central e na Ásia Meridional e 657 na Ásia Oriental e no Sudeste Asiático. Foram quatro novos conflitos por ano, durante um pouco mais de quinhentos anos, excluindo a Europa.[15]

Algumas dessas guerras foram batalhas brutais por território e outras foram motivadas pelo fervor religioso, mas muitas não foram mais que "campeonatos de mijo", nas palavras de Pinker.[16] Era uma época de insegurança, e os regentes iam à guerra por honra, talvez porque alguém tivesse se recusado a prestar homenagem. Guerras podiam começar porque alguém se recusara a baixar a bandeira a meia-haste, saudar as cores nacionais ou seguir procedimentos diplomáticos. Os líderes acreditavam genuinamente na guerra; era a ordem natural das coisas, e a paz era apenas um breve interlúdio durante o qual eles se rearmavam e se preparavam para a batalha seguinte.

PROGRESSO

Assim como o despotismo, a escravidão, o fanatismo e a tortura começaram a sair de moda na era do iluminismo, as guerras passaram a ser vistas como algo a ser evitado. Escritores e pensadores começaram a atacar a violenta história da Europa e a ridicularizar a ideia de que a guerra conferia honra. O arrefecimento do fundamentalismo religioso fez com que os países pudessem chegar mais frequentemente a uma conclusão negociada. Com a expansão do comércio internacional, muitos países começaram a produzir valores e trocá-los com os vizinhos, em vez de roubá-los ou destruí-los. Era mais barato comprar os recursos de que se necessitava em vez de começar uma guerra para tomá-los. "Onde as mercadorias não cruzam fronteiras, os soldados cruzarão", como a visão de mundo do economista francês do século XIX Frédéric Bastiat é frequentemente resumida.

A redução da brutalidade cotidiana também fez com que a violência sistemática de tempos de guerra parecesse pior. Como um historiador da Guerra dos Trinta Anos, no século XVII, observou, a guerra não parecia tão horrível para pessoas que já estavam acostumadas à violência em suas vidas:

> Derramamento de sangue, roubos, tortura e fome eram menos revoltantes para pessoas cuja vida ordinária os incluía em formas mais amenas. Assaltos violentos eram bastante comuns em tempos de paz, a tortura era infligida na maioria dos julgamentos criminais, horríveis e prolongadas execuções eram realizadas perante grandes audiências e a praga e a fome exerciam suas repetidas e indiscriminadas devastações.[17]

A mudança de atitude podia ser vista na retórica dos líderes. Antes, costumavam dizer que a guerra traria glória; em seguida, passaram a afirmar que o que realmente queriam era a paz e haviam sido forçados à guerra por um inimigo beligerante. Como o estudioso de relações

VIOLÊNCIA

internacionais John Mueller afirma: "Não era mais possível proclamar, simples e honestamente, como Júlio César, 'Vim, vi, conquistei'. Gradualmente, isso mudou para 'Vim, vi, ele me atacou enquanto eu estava apenas olhando, eu venci'."[18]

Um fascinante exemplo da mudança de atitude em relação à guerra e à paz é a Suécia. Ela costumava ser uma das grandes potências europeias e o mar Báltico costumava ser seu mar interno. Em 1809, a Suécia perdeu sua metade oriental — a Finlândia — para a Rússia e chegou a escolher um dos marechais de Napoleão como novo rei, com a esperança de que ele restaurasse as glórias passadas. Mas, com o passar do tempo e a possibilidade de modesta riqueza, a elite sueca perdeu o interesse em aventuras militares. Um de seus mais influentes escritores, Esaias Tegnér, escreveu um poema épico que terminava dizendo que, se os suecos trabalhassem duro e criassem mais prosperidade, poderiam "reconquistar a Finlândia para o interior das fronteiras suecas". Isso se tornou um mantra para muitos políticos do século XIX, que achavam que o novo império só poderia ser construído com educação, ferrovias, reforma econômica e livre-comércio. Embora os líderes anteriores estivessem ansiosos para iniciar uma disputa com a Rússia, a Dinamarca ou a Polônia, a nova geração fez tudo que pôde para manter a Suécia fora da guerra. Na Dinamarca, na Holanda, na Espanha e em Portugal, a história foi similar. Quando perdiam guerras, já não buscavam revanche. Em vez disso, voltavam as costas para os campos de batalha. Começaram a fazer dinheiro — não guerra.

Uma das maneiras que Steven Pinker encontrou para analisar a frequência da guerra na história foi observar as "grandes potências", incluindo Grã-Bretanha, França, Rússia após 1721, Prússia/Alemanha após 1740, EUA após 1898, China após 1949, Japão 1905-1945, Itália 1861–1943, Holanda e Suécia após o fim do século XVIII, Império Otomano até 1699, Espanha até 1808 e todas as entidades sob a dinastia Habsburgo até 1918.

PROGRESSO

Nos séculos XVI e XVII, as grandes potências estiveram em guerra entre 75% e 100% do tempo. Desde então, a tendência decresceu de modo constante, especialmente após as guerras napoleônicas no século XIX. O quarto de século entre 1950 e 1975 conheceu apenas uma guerra entre as grandes potências — EUA e China na Guerra da Coreia. Depois disso, não houve mais nenhuma. O número de guerras envolvendo grandes potências declinou, assim como sua duração. Tais guerras costumavam durar entre quatro e dez anos. As quatro guerras que envolveram grandes potências no último quarto do século XX duraram em média 97 dias. Contudo, a tecnologia moderna e a organização militar as tornaram mais letais até meados do século XX.[19]

As duas guerras mundiais foram reversões dramáticas de várias centenas de anos de declínio nos conflitos. Mas também deram ímpeto a um movimento pela paz mais forte que nunca. Após a carnificina, pessoas por toda parte concluíram que a guerra era imoral e bárbara. Fotógrafos, escritores e artistas tentaram mostrar às pessoas a repulsiva realidade dos combates. Quando você vê a fotografia de uma menina de 9 anos correndo para se salvar após um ataque com napalm na capa do jornal matutino, algo acontece com sua atitude em relação à guerra. Torna-se mais difícil falar de glória ou de como o inimigo recebeu o que merecia.

A Organização das Nações Unidas foi fundada em 1945, com o objetivo explícito de evitar outro conflito, e trabalhou duro para tornar as fronteiras sacrossantas. A velha ideia de que a guerra era meramente a continuação da política por outros meios, apenas uma das ferramentas para o estadismo, foi substituída pela noção de que é criminosa e ilegal, a menos que seja em autodefesa. As potências europeias desistiram da expansão territorial e desmantelaram seus impérios, às vezes após revoltas e conflitos, às vezes pacificamente, o que significou o fim das guerras e atrocidades coloniais. Surgiu uma

VIOLÊNCIA

nova Guerra Fria entre os Estados Unidos e seus aliados e a União Soviética e muitos especialistas tiveram a certeza de que, em certo momento, ela terminaria em guerra global, com a possibilidade de aniquilação nuclear. Não foi o que aconteceu. Ela resultou em guerras por procuração e conflitos civis em vários países, mas a Terceira Guerra Mundial jamais chegou.

Em 15 de maio de 1984, as principais potências mundiais haviam conseguido permanecer em paz umas com as outras pelo mais longo período desde os dias do Império Romano, de acordo com John Mueller. Com a exceção da invasão soviética da Hungria em 1956, não houve guerra entre os 44 países mais ricos do mundo durante esse período. "Nunca antes na história tantos países importantes e bem armados passaram tanto tempo sem usar suas armas uns contra os outros."[20]

Mueller explica que a guerra era resultado de os governos pensarem que era inevitável e que eles poderiam vencê-la se atacassem no momento certo, da maneira certa. Agora os países sabem que pode ser evitada e a maioria acredita que a perderiam. Alguns acham que a ameaça de guerra nuclear evitou que os grandes poderes entrassem em conflito, mas, se essa fosse a única razão, o mundo teria se tornado muito menos seguro após a Guerra Fria. Na verdade, o oposto ocorreu. Nos anos 1980, houve em média 43 conflitos armados entre Estados todos os anos, com um pico de 52 em 1991 e 1992. Então os números começaram a declinar no início dos anos 2000, antes de subirem novamente para quarenta, atualmente.

Esses números escondem a mudança mais importante: o fato de que esses conflitos se tornaram muito menos letais, talvez porque o mundo está assistindo e nenhum país pode perder a guerra de relações públicas enquanto vence a guerra física. A guerra interestatal média matava 86 mil pessoas nos anos 1950 e 39 mil nos anos 1970. Atualmente, mata um pouco menos de 3 mil. As guerras civis da atualidade matam menos que um terço do que faziam entre os anos 1960 e 1980. Isso é parcialmente resultado de uma nova arquitetura internacional de segurança, que foca na prevenção de conflitos quando há risco de guerra e na paz quando não há.[21]

Isso pode ser uma surpresa, dado que frequentemente lemos que o número de vítimas civis está crescendo. Instituições da ONU e outras repetem que, há cem anos, 10% das mortes durante a guerra eram de civis, ao passo que hoje esse número chega a 90%. Após investigar esse número, o Relatório de Segurança Humana concluiu que "não é baseado em fatos". Parece que se originou de erros de cálculo, estimativas sem fontes e confusão entre fatalidades e refugiados. É muito difícil encontrar dados, mas o relatório sugere uma margem de 30% a 60% de fatalidades, e não há evidências de que esse número tenha crescido com o passar dos anos.[22] Ao contrário: as mortes de civis costumavam ser consideradas inevitáveis ou mesmo necessárias para assustar o inimigo. Agora muitos governos, especialmente os democráticos sob escrutínio popular, fazem o que podem para evitá-las. Cerca de 5.300 civis morreram no Afeganistão entre 2004 e 2010 (a maioria morta pelo Talibã). Na Guerra do Vietnã, ao menos 800 mil civis foram mortos.

Algo similar parece ter acontecido com o genocídio. Não é que ele tenha deixado de existir, mas agora é tão universalmente condenado que todos os membros das Nações Unidas se comprometeram a intervir se ocorrer. Costumava ser tão comum que os historiadores não se preocupavam muito com ele. Em uma história do genocídio que começava com a destruição ateniense de Milos e o massacre romano dos cartagineses, Frank Chalk e Kurt Jonassohn escreveram que "foi praticado em todas as regiões do mundo e durante todos os períodos da história". Mas é algo que não se poderia adivinhar baseado no que os historiadores escreveram na época:

VIOLÊNCIA

Sabemos que impérios desapareceram e cidades foram destruídas e suspeitamos que algumas guerras foram genocidas em seus resultados, mas não sabemos o que aconteceu ao grosso das populações envolvidas nesses eventos. Seu destino era simplesmente desimportante. Quando eram mencionadas, em geral o eram juntamente com os rebanhos de bois, ovelhas e outros tipos de gado.[23]

Foi somente depois do mal sem paralelos do Holocausto que as vítimas começaram a contar sua própria história e os advogados do nazismo sentiram a necessidade de negar que ele ocorrera. Foi um episódio único de destruição industrial de todo um povo, que mudou a perspectiva do mundo sobre o genocídio. Mesmo durante a guerra, quando os americanos perguntaram o que deveria ser feito com os japoneses após a vitória decisiva, entre 10% e 15% dos consultados responderam que deveriam ser exterminados.

Após a queda de várias formas de fascismo e comunismo houve alguns genocídios, como na Bósnia em 1992–95 e Ruanda em 1994, mas essas são exceções em uma tendência decrescente. O início do século XXI foi mais livre de genocídio que qualquer outro período dos últimos cem anos. As mortes anuais devidas a violência unilateral caíram pela metade desde os anos 1990, mesmo excluindo o genocídio em Ruanda.[24]

Uma forma de violência unilateral que cresceu, em contrapartida, foi o terrorismo, especialmente os ataques realizados em nome da religião. O número de pessoas mortas em função de atividade terrorista cresceu cinco vezes desde 2000, de acordo com o Índice Global de Terrorismo. Isso foi resultado de uma onda de terrorismo no Iraque, na Síria, no Afeganistão, no Paquistão e na Nigéria, frequentemente em situações que lembravam zonas de guerra. Também vimos um aumento nos ataques à Europa Ocidental nos últimos anos, ainda que as mortes sejam apenas cerca de dois terços das mortes nos anos 1970, quando grupos terroristas separatistas e comunistas estavam ativos.

PROGRESSO

O terrorismo é espetacular, dramático e assustador. Aliás, este é seu objetivo: semear o medo. Mas ele mata muito poucas pessoas. Não está na mesma escala de outros atos de violência, como guerra ou criminalidade, e não está próximo nem mesmo das mortes no trânsito. Desde 2000, cerca de quatrocentas pessoas morrem como resultado de terrorismo em países da OCDE todos os anos, principalmente na Turquia e em Israel. Mais europeus se afogam em suas banheiras e dez vezes mais pessoas morrem caindo de escadas.[25]

Contrariamente à crença popular, o terror é uma maneira muito ineficiente de atingir objetivos ideológicos. Durante muito tempo, foi considerado eficiente por causa do sucesso de campanhas anticolonialistas violentas, mas a oposição ao colonialismo era um sucesso, fosse ou não violenta. Em geral, as campanhas violentas são grandes fracassos. O cientista político Audrey Cronin analisou 457 grupos terroristas ativos desde 1968. Nenhum deles conseguiu conquistar um país e 94% deles falharam em assegurar sequer um de seus objetivos operacionais. A organização terrorista típica sobrevive por apenas oito anos, parcialmente porque os ataques a civis alienam a população da qual o grupo quer apoio: "A violência terrorista contém em si as sementes da repulsa e da aversão. A violência possui uma linguagem internacional, mas a decência também."[26]

Assim, parece que a única maneira de os terroristas vencerem é a reação exagerada das vítimas, que desmantelam liberdades civis e culpam grupos inteiros pelas ações de alguns poucos. Fazer isso estimula os próprios conflitos que os terroristas buscam criar e torna mais fácil recrutar novos terroristas e continuar a batalha.

A paz jamais é uma certeza. Quando nos sentimos ameaçados, nosso instinto de lutar ou fugir é ativado e nos sentimos tentados a buscar as armas. Em seu livro de 1909 *The Great Illusion* [A grande ilusão], o social-democrata inglês Norman Angell defende que os Estados industrializados deixariam de se beneficiar com as conquistas,

VIOLÊNCIA

parcialmente por causa da estreita interconexão entre os países.[27] Cinco anos depois, começou a Primeira Guerra Mundial, entre países que comerciavam entre si e cujos monarcas — rei Jorge V, kaiser Guilherme II e tsar Nicolau II — eram primos e costumavam socializar.

Muitos especialistas temem que uma grande guerra possa resultar de uma China em ascensão tentando desafiar os Estados Unidos pela supremacia naval na Ásia Oriental ou de uma Rússia revanchista tentando reconquistar o terreno perdido na Europa. Conflitos no Oriente Médio podem resultar em guerra entre grandes potências, e Índia e Paquistão são dois Estados nucleares que frequentemente ameaçam um ao outro. A elite em países como a Coreia do Norte pode preferir iniciar um inferno a se entregar sem resistência. Não menos importante, a proliferação nuclear significa que o mundo está sempre em risco. Sabemos que há grupos terroristas bem financiados que trabalham duro para matar tantos civis quanto possível. E, a certo ponto, um deles pode pôr as mãos em um artefato nuclear.

Mas as tendências gerais são fortes. Riqueza e saúde crescentes e famílias menores parecem ter feito com que valorizássemos mais a vida e isso resultou em atitudes mais humanitárias e maior interesse pela paz. O comércio tornou os países mais atentos às trocas mutuamente benéficas, em vez de jogos de soma zero. A isso, podemos acrescentar um fenômeno inteiramente novo entre as democracias liberais abastadas: algo que podemos chamar de paz verdadeira. Seus povos e líderes sequer sonham em guerrear uns contra os outros mais uma vez, mesmo no caso de inimigos tradicionais como França e Alemanha.

Parece que as democracias raramente entram em guerra umas contra as outras, talvez porque os eleitores raramente querem a guerra e os líderes raramente retiram ganhos políticos dela. E talvez também porque as negociações domésticas baseadas em regras das democracias foram externalizadas. Os cientistas políticos Bruce Russett e

John Oneal documentaram a força dessa teoria da paz democrática, especialmente após 1900. As grandes potências se mostram mais inclinadas à guerra que os outros países, mesmo quando são democráticas, mas duas democracias quase nunca guerreiam uma contra a outra. Russett e Oneal expandem a tese e argumentam que pode não se tratar de uma paz democrática, afinal, mas sim de uma paz liberal, uma vez que o livre-comércio e a interdependência econômica exercem mais influência que a democracia. Há paz democrática somente quando ambos os países são democráticos, ao passo que os efeitos do comércio podem ser vistos mesmo quando apenas um dos países possui economia de mercado aberto. Como disse o economista austríaco Ludwig von Mises, se o alfaiate entra em guerra contra o padeiro, precisa começar a fazer seu próprio pão.[28]

Também há disputas entre as democracias liberais, é claro, mas a diferença é a maneira como são resolvidas. Hans, uma pequena e desabitada ilha no canal Kennedy, entre a ilha Ellesmere, no Canadá, e o norte da Groenlândia, é disputada pelo Canadá e pela Dinamarca. Os militares de ambos os países visitam a ilha de vez em quando. Quando os militares dinamarqueses a visitam, deixam uma garrafa de schnapps. Quando os militares canadenses a visitam, deixam uma garrafa de uísque Canadian Club e uma placa dizendo: "Bem-vindos ao Canadá."

6

Meio ambiente

A pobreza e a necessidade não são os maiores poluentes? [...] Como podemos conversar com os que vivem em vilarejos e favelas sobre manter limpos os oceanos, os rios e o ar quando suas próprias vidas são contaminadas na fonte? O meio ambiente não pode ser melhorado em condições de pobreza.

Indira Gandhi[1]

Na sexta-feira, 5 de dezembro de 1952, o agente funerário Stan Cribb e seu tio conduziam pelas ruas de Londres uma fila de carros cheios de pessoas enlutadas. Dirigiam-se até o local do sepultamento, quando notaram algo sinistro à frente. "Havia um torvelinho, como se alguém tivesse colocado fogo em muitos pneus." O nevoeiro ficava cada vez mais denso e, após alguns minutos, Cribb já não conseguia ver o meio-fio. Seu tio desceu e começou a andar na frente do carro funerário com um poderoso lampião a querosene, mostrando o caminho. Foi inútil. "Era como se estivéssemos cegos", disse Cribb.[2]

O Grande Nevoeiro se instalara sobre Londres e lá permaneceria por quatro horríveis dias. O frio fizera com que os londrinos queimassem mais carvão e a fumaça, combinada aos poluentes dos processos industriais, dos veículos e do canal, formou uma espessa camada sobre a cidade. Carros eram abandonados e as pessoas tinham de tatear seu caminho para casa ao longo dos corrimões. Uma enfermeira explicou que o nevoeiro penetrava nos tecidos e escurecia as roupas de baixo.

Cribb e seu tio teriam muito trabalho nas semanas seguintes. O nevoeiro, também chamado de *smog* [contração de *smoke*, fumaça, e *fog*, névoa], contém partículas de fuligem e dióxido de enxofre, que é venenoso. Centenas de pessoas morreram imediatamente, e a mortalidade cresceu de forma brusca durante vários meses. Um estudo estima que 12 mil pessoas podem ter sido mortas pelo Grande Nevoeiro.[3]

Essa foi a ocorrência mais letal de *smog*, mas Londres muitas vezes sofreu com ele, em vários níveis, assim como muitas grandes cidades dos países em desenvolvimento atualmente. Da era vitoriana em diante, ele foi apelidado de "sopa de ervilha", porque as partículas alcatroadas de fuligem deixam o ar amarelo-escuro. Era tão frequente que constitui o cenário natural de grande parte da literatura da época. O *smog* é parte da Londres de Sherlock Holmes, na qual nuvens cor de lama se estendem sobre ruas igualmente enlameadas. Em *A casa soturna*, de Charles Dickens, Esther acha que há um incêndio em algum lugar ao chegar a Londres, porque as ruas estão tão tomadas pela fumaça espessa que nada pode ser visto.

A riqueza e o desenvolvimento que salvaram a humanidade da pobreza e da morte prematura cobraram um preço brutal do meio ambiente. O aumento da produção e a melhoria dos transportes reduziram a pobreza, mas também resultaram em emissões que prejudicam o ar, os rios, os lagos e os pulmões. A expansão da agricultura e o uso de fertilizantes artificiais reduziram a fome, mas resultaram em escassez de oxigênio e zonas mortas em muitos lagos. A queima de combustíveis fósseis, que impulsionou a ascensão industrial da humanidade, também prejudicou o clima, com várias possíveis consequências prejudiciais durante o século XXI. Enquanto a vida humana permaneceu suja, brutal e breve, não tínhamos vontade nem habilidade para lidar efetivamente com esses problemas.

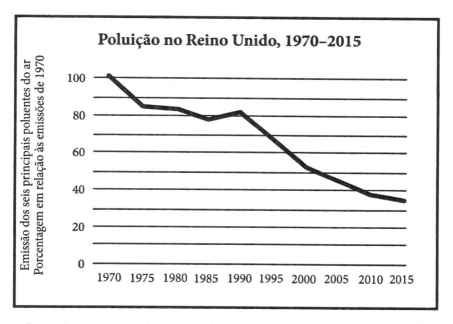

Fonte: Departamento de Meio Ambiente, Alimentos e Assuntos Agrícolas dos Estados Unidos, 2014.[4]

Nas décadas após a Segunda Guerra Mundial, com o advento da paz e dos primeiros sinais de prosperidade global, a atenção começou a se voltar para o meio ambiente. O movimento verde ganhou força no Ocidente, liderado por intelectuais e ativistas. Muitos observaram as tendências ambientais e temeram que, se continuassem, teríamos um futuro com um planeta superlotado no qual a humanidade teria esgotado todos os recursos naturais, do petróleo a metais e minerais. As pessoas imaginaram um mundo sem florestas, com chuva ácida, no qual teriam de usar máscaras cirúrgicas para se proteger das emissões, a maioria das espécies estaria extinta e a humanidade sofreria com uma explosão de casos de câncer por causa de todos os produtos químicos lançados na natureza. A riqueza e a tecnologia não eram compatíveis com um planeta verde e limpo.

Ainda há grandes problemas ambientais, mas, se olhar para o desenvolvimento atual do mundo, você não verá nada como o cenário imaginado nos anos 1960 e 1970. Algumas de nossas ideias estavam profundamente erradas e não foram sustentadas pela ciência, mas o mundo em que vivemos agora também é resultado do esforço conjunto para evitar aqueles cenários.

Em 1972, o influente Clube de Roma avisou: "Praticamente todo poluente cuja presença foi medida em função do tempo parece estar crescendo de forma exponencial."[5] Mas logo a poluição não apenas parou de aumentar como também começou a diminuir — enormemente. De acordo com a Agência de Proteção Ambiental dos Estados Unidos, as emissões totais dos seis principais poluentes foram reduzidas em mais de dois terços entre 1980 e 2014. A emissão de compostos orgânicos voláteis diminuiu 53%, de dióxido de nitrogênio 55%, de partículas diretas 58%, de monóxido de carbono 69%, de dióxido de enxofre 81% e de chumbo 99%.[6]

Na Grã-Bretanha, a emissão de compostos orgânicos voláteis caiu em 60%, de óxidos de nitrogênio em 62%, de material particulado em média 77% e de dióxido de enxofre em 94% entre 1970 e 2013.[7] De acordo com uma série de dados de longo prazo, a partir do final do século XVI a concentração de fumaça e dióxido de enxofre no ar de Londres aumentou durante trezentos anos, mas então caiu quase que da noite para o dia. Como resume o estatístico Bjørn Lomborg, "o ar de Londres não é tão limpo quanto hoje desde a Idade Média".[8]

Nos anos 1980, a comunidade internacional percebeu que um grande buraco na camada de ozônio sobre a Antártida estava se expandindo e podia expor a vida na Terra à danosa luz ultravioleta.

MEIO AMBIENTE

Por um acordo internacional em Montreal, os países eliminaram progressivamente as substâncias que erodiam o ozônio. Isso funcionou excepcionalmente bem e a camada se recupera de forma lenta, possivelmente salvando a humanidade de centenas de milhões de casos de câncer de pele.

O Tâmisa é um exemplo de como rios e lagos recuperaram a saúde após a diminuição da poluição industrial e depois que as companhias de saneamento foram forçadas a tratar a água e a manter sistemas adequados de coleta. Em 1957, o imundo e fedorento rio foi declarado biologicamente morto. Hoje, goza de excelente saúde, com 125 espécies diferentes de peixes. Em 2008, o cavalo-marinho *Hippocampus hippocampus*, extremamente sensível à poluição, voltou ao Tâmisa.[9]

O número de derramamentos de petróleo em nossos oceanos também foi reduzido enormemente. Nos anos 1970, havia uma média de 24 derramamentos por ano. Desde 2000, houve em média menos de três. Entre os anos 2000 e 2014, 234 mil toneladas foram derramadas no total. Isso pode parecer muito, mas é bem menos que a quantidade *anual* derramada nos anos 1970. A quantidade de petróleo foi reduzida em 99% entre 1970 e 2014.[10]

Após advertências sobre a morte das florestas na Europa oriental no fim dos anos 1970 e nos anos 1980, muitos temeram que a chuva ácida fosse transformá-las em desertos químicos. Mas isso nunca aconteceu, em parte porque os níveis de poluição caíram, em parte porque os alarmes eram exagerados. Na Comunidade Europeia, as áreas de ecossistema que excediam as cargas críticas de acidificação declinaram de 43 para 7 entre 1980 e 2010 e a eutrofização (como o aumento excessivo de algas em rios e lagos) também está em declínio.[11]

O desflorestamento chegou ao fim nos países ricos. A área de florestas na Europa cresceu mais de 0,3% ao ano entre 1990 e 2015. Nos Estados Unidos, cresce 0,1% ao ano. A taxa anual global de perda de florestas desacelerou de 0,18% para 0,008% desde o início

PROGRESSO

da década de 1990. De fato, as florestas também estão retornando em muitos países em desenvolvimento. Na China, a cobertura florestal cresce mais de 20 mil km² por ano. Na Amazônia brasileira, durante muito tempo quase sinônimo de desflorestamento, a taxa anual caiu 70% desde 2005, graças à melhor proteção florestal e ao aumento da produtividade das terras cultiváveis já existentes.[12]

Como vimos no capítulo sobre alimentos, as tecnologias agrícolas empregadas desde o início dos anos 1960 evitaram que uma área igual a duas Américas do Sul fosse transformada em terras cultiváveis. Entre 1995 e 2010, a terra usada para agricultura cresceu somente 0,04% ao ano. Os pesquisadores Jesse Ausubel e Iddo Wernick chegaram a prever que a humanidade tinha atingido o "ápice das terras cultiváveis" e a terra usada para agricultura diminuiria 0,2% ao ano de 2010 a 2060. Eles dizem "acreditar que a humanidade agora atingiu o ápice das terras cultiváveis e o século XXI verá a liberação de vastas áreas de terra, centenas de milhares de quilômetros quadrados, mais que duas vezes a área da França, para a natureza".[13] A urbanização também ajudou, uma vez que os habitantes das cidades usam menos energia e menos água e produzem menos poluição que as pessoas nas áreas rurais, além de usarem menos terras.

Isso nos salvou dos cenários mais horríveis de extinção. A humanidade sempre ameaçou a vida selvagem e outras espécies, e continuamos a fazer isso. Quando florestas tropicais são derrubadas, ambientes ricos em espécies são devastados, e a pesca excessiva fez com que muitas variedades de peixes sofressem e algumas entrassem em colapso. Em 1975, Paul e Anne Ehrlich previram que cerca de metade das espécies do planeta hoje estaria extinta. Como se estima que o mundo abrigue algo entre 5 e 15 milhões de espécies, vários milhões teriam sido extintos desde então. Mas a União Internacional para a Conservação da Natureza lista não mais que 709 espécies extintas desde 1500.[14] A maioria ocorreu em áreas isoladas, como

MEIO AMBIENTE

ilhas oceânicas, o que sugere que muitas formas de vida são flexíveis e podem migrar e sobreviver em ambientes modificados.

Devemos lembrar que o número de casos registrados não equivale ao número de espécies que realmente entraram em extinção, uma vez que ainda não descobrimos todas as espécies. Mas é surpreendentemente difícil encontrar provas sólidas de extinção em massa. Um estudo interessante publicado na *Science* analisou cem séries temporais de biodiversidade em habitats marinhos e terrestres nos últimos 150 anos, esperando descobrir "que a maioria dos agrupamentos exibiria decréscimo da diversidade local através do tempo". Ficaram surpresos ao descobrir que a distribuição do decréscimo da diversidade centrava em zero, com a maioria sendo estatisticamente muito próxima de zero. Isso significa que a composição das espécies mudou, mas eles não encontraram "nenhuma evidência de uma tendência consistente ou mesmo medianamente negativa".[15]

Sabemos que há vários fatores desconhecidos — muitas espécies para as quais sequer temos um nome estão entrando em extinção. Mas também sabemos, com certeza, que, sem a urbanização, a proteção florestal e uma agricultura mais eficiente, as coisas seriam bem piores. E muitas das áreas mais interessantes, com a maior diversidade biológica, agora são protegidas. As áreas protegidas dobraram de 8,5% para 14,3% das terras totais do mundo entre 1990 e 2013. Uma área com duas vezes o tamanho dos Estados Unidos agora está salvaguardada.

Atualmente, parece que tecnologia e riqueza não são um obstáculo para a sustentabilidade ambiental, mas antes sua pré-condição. Os lugares mais poluídos do mundo não são Londres, Nova York e Paris, mas cidades como Pequim e Nova Délhi. O Índice de Desempenho Ambiental é uma tentativa de mensurar a sustentabilidade ambiental em todo o mundo, focando em nove áreas compostas de vinte indicadores.[16] Uma de suas primeiras conclusões foi que "A riqueza emerge como grande determinante do desempenho ambiental". Quanto mais rico o país, mais ele faz para cuidar do meio ambiente e torná-lo seguro para a humanidade. Países como Austrália, Alemanha, Suécia e Inglaterra estão em primeiro lugar, ao passo que Haiti, Sudão, Libéria e Somália estão em último.[17]

O que aconteceu? Por que o desastre ecológico previsto ainda não ocorreu? Primeiro, porque as preferências mudaram juntamente com a melhoria das condições de vida. Se lhe pedissem que escolhesse entre as perspectivas de longo prazo de uma floresta ou rio e a sobrevivência e o bem-estar imediato de seus filhos, não haveria realmente o que escolher. Mas, conforme a riqueza aumentava, as crianças sobreviviam e os pais podiam investir em seu futuro, a questão se tornou se gostariam de ter um pouco mais de dinheiro na carteira ou uma floresta ou um rio sustentável. Já tendo uma qualidade de vida decente, muitos escolheram a segunda opção. O próprio crescimento do movimento ambientalista desde os anos 1970 é resultado dessa mudança de perspectiva. A atenção dada aos riscos nos trouxe ímpeto para fazer algo a respeito, em nossos papéis como consumidores e eleitores. O Grande Nevoeiro de 1952 levou os políticos ingleses a aprovarem a Lei do Ar Limpo de 1956, que introduziu áreas de controle da fumaça e precipitou uma mudança do carvão sujo para outros mais limpos, eletricidade e gás.

Ao mesmo tempo, o progresso tecnológico criou novas oportunidades de produzir e transportar de maneira mais ecológica. O tratamento dos esgotos e o gerenciamento dos dejetos sólidos também reduziram os danos que causamos ao meio ambiente. O uso de filtros, purificadores, absorvedores e processos mais inteligentes reduziram as emissões das fábricas. Os carros ficaram mais limpos. Espantosamente, um carro moderno em movimento emite menos poluentes que um carro dos anos 1970 parado e desligado, devido ao vazamento de vapores de gasolina.[18]

MEIO AMBIENTE

Similarmente, a muito temida e divulgada epidemia de câncer nunca ocorreu. O fato de que hoje temos câncer com mais frequência se deve ao fato de que vivemos mais. Como indica o Instituto Nacional do Câncer dos Estados Unidos, isso na verdade é um bom sinal: "Esse só parece ser o caso porque o número relatado de novos casos de câncer cresce quando a população tanto se expande quanto envelhece."[19] A idade média de diagnóstico de câncer é de 65 anos. Em 1900, a expectativa de vida nos países mais ricos girava em torno dos 50 anos. Mais pessoas têm câncer agora porque as pessoas das eras anteriores não viviam tempo suficiente para tê-lo.

E, em quase todos os grupos etários, a taxa de incidência está caindo. Instituições como a OMS estimam que poluição e elementos químicos no meio ambiente respondem por não mais que 3% de todos os cânceres, e a maioria dos casos são de pessoas em ambientes industriais, expostas a altos níveis de produtos químicos em função do trabalho. A Academia Nacional de Ciências concluiu que os componentes sintéticos de nossa dieta podem ser mais seguros que os naturais.[20] A ideia de que natural é bom e artificial é ruim não tem base científica. O tabaco, por exemplo, é completamente natural.

Subestimamos constantemente nossa própria criatividade. O medo de que poderíamos exaurir os recursos de nosso planeta residia em um modelo simples e intuitivo no qual usamos certa quantidade de materiais brutos (carvão, por exemplo) para conseguir o que queremos (energia, por exemplo). Temos uma quantidade fixa de carvão, precisamos de uma proporção constante dessa quantidade para obter a energia que utilizamos e, conforme a população cresce, utilizamos cada vez mais. O carvão, consequentemente, vai acabar. Foi esse o modelo popularizado pelo Clube de Roma.

O economista Julian Simon afirmou que essa teoria está errada em quase todos os pontos. Sim, há uma certa quantidade de certo recurso, mas as quantidades não são limitadas da maneira que acreditamos. Há reservas que ainda não descobrimos, reservas que ainda não são economicamente viáveis e a possibilidade de reciclar. Não usamos os recursos em proporção constante — ao contrário, estamos usando quantidades cada vez menores de recursos por unidade de produção. Além disso, a demanda não é pelos recursos em si, mas pelo que fazemos com eles, e a engenhosidade e as novas tecnologias nos permitirão encontrar outros, até agora não previstos, para atender nossas necessidades. Se o mercado for relativamente livre, a escassez significará preços mais altos, caso em que economizaremos aquele material bruto, e, se um recurso acabar, encontraremos ou inventaremos substitutos. O mais importante recurso é o cérebro humano, e esse recurso é agradavelmente reproduzível.

Julian Simon se provou correto. Os estoques de quase todos os recursos com que o Clube de Roma estava preocupado aumentaram. Vários quadruplicaram. Em 1972, os modelos computacionais do Clube diziam que as conhecidas reservas de cobre acabariam em 36 anos, especialmente se os chineses passassem a ter conexões telefônicas. Como isso foi dito há quarenta anos, ele já deveria ter acabado. Na época, estimava-se que teríamos reservas acessíveis de cerca de 280 milhões de toneladas. Desde então, quase 480 milhões de toneladas foram consumidas — mais do que as reservas originais — e as reservas mundiais são agora estimadas em mais que o dobro, 700 milhões de toneladas. Se incluirmos os depósitos prováveis, ainda temos entre cem e duzentos anos de reservas de cobre.[21]

Os recursos foram utilizados de maneira mais eficiente, novos depósitos foram descobertos e novas tecnologias tornaram possível explorar depósitos previamente inacessíveis. Além disso, reduzimos nossa dependência do cobre, que foi substituído por materiais melhores. As conexões telefônicas agora usam cabos de fibra ótica, não fios de cobre, e cada vez mais tecnologia sem fio.

MEIO AMBIENTE

Assim, jamais ficamos sem recursos. Seu preço sequer aumentou. O preço real dos materiais brutos, refletido no índice industrial de preço de commodities da *Economist*, caiu praticamente pela metade entre 1871 e 2010, embora isso tenha ocorrido antes que o ciclo de preço das commodities perdesse fôlego. Isso se traduz em um crescimento médio de −0,5% ao ano durante quase 140 anos.[22]

O fato de que os países ricos estão solucionando muitos problemas ambientais mostra que a humanidade tem encontrado maneiras de lidar mesmo com eles. Mas, ao mesmo tempo, a situação em muitos países de baixa e média renda é ruim, e está piorando conforme a agricultura, a indústria e os transportes crescem rapidamente. E o número de pessoas respirando ar inseguro aumentou em mais de 600 milhões desde 2000, para um total de 1,8 bilhão.[23] Muitas cidades na Índia, no Paquistão e em Bangladesh sofrem com níveis de poluição dez vezes mais altos do que é considerado seguro. Os níveis de matérias particuladas finas no ar são cerca de seis vezes mais altos na China que em países como Suécia, Inglaterra e Estados Unidos. O nevoeiro com poluição é uma ocorrência regular nas cidades chinesas em rápido crescimento.

É importante perceber que esse processo de industrialização e criação de riqueza em países pobres é uma maneira de lidar com problemas ainda mais prementes e perigosos, assim como a Revolução Industrial no Ocidente aumentou a poluição, mas solucionou os urgentes problemas de morte precoce e pobreza. Esse processo ajuda não apenas a reduzir a pobreza e a mortalidade em geral, mas também a lidar com problemas ambientais tradicionais que apresentam risco mais imediato à vida humana.

Os piores problemas ambientais em países pobres derivam não da tecnologia ou da riqueza, mas da falta delas. Por falta de eletricidade, gás e parafina, bilhões de pessoas têm de cozinhar queimando madeira, esterco, carvão e brasas, em fogueiras ou fogões simples. Em um terço de todos os países, mais da metade da população usa

121

combustíveis sólidos, especialmente na África e na Ásia Meridional. Isso é feito dentro de casa, porque o lado de fora é quente demais na temporada seca e molhado demais na temporada das chuvas, e é difícil reter o calor com o vento soprando. Isso resulta em doenças respiratórias, câncer de pulmão e, em crianças, pneumonia e outras doenças agudas do trato respiratório inferior. De acordo com o projeto Carga Global de Doenças, a poluição do ar em residências ceifa a vida de 3,5 milhões de pessoas por ano. Se esse número for preciso, o ar nocivo dentro de casa mata uma pessoa a cada dez segundos.

Como vimos antes, a falta de acesso a água potável e saneamento pode ser ainda mais letal. Essas foram as ameaças ambientais tradicionais solucionadas pelos países industrializados, e não devemos achar estranho que os países pobres recebam de braços abertos a produção industrial e as fontes modernas de energia, mesmo que elas criem novos problemas ambientais.

A esperança é que as mudanças nas preferências e a tecnologia que começaram a modificar a situação no Ocidente façam o mesmo pelos países pobres, conforme enriquecem. Há alguns sinais de que o restante do mundo começa a controlar a poluição da água e do ar. Dos 178 países do Índice de Desempenho Ambiental, 172 registraram melhoria de desempenho entre 2004 e 2014. Apenas seis computaram declínio.

Curiosamente, os países pobres com frequência começam a se preocupar com essas questões em um estágio muito anterior de desenvolvimento, em relação aos países ricos no passado. Isso se deve parcialmente ao fato de que podemos aprender com nossos erros, mas ocorre também porque as tecnologias verdes desenvolvidas nos países industrializados podem ser empregadas imediatamente nos países mais pobres. Um exemplo é a gasolina sem chumbo. Os Estados Unidos começaram a usá-la em 1975. A Índia e a China fizeram a mesma transição em 1997, em um momento no qual detinham apenas 13% da riqueza dos americanos em 1975.[24]

MEIO AMBIENTE

Na literatura, a possibilidade de uma Curva Ambiental de Kuznets (CAZ) é frequentemente discutida. De acordo com ela, muitas formas de degradação ambiental seguem uma curva em U invertido. Conforme os países começam a enriquecer, os danos ao meio ambiente crescem, mas, após certo ponto, mais riqueza resulta em melhorias. A recente revisão de 878 análises de 103 estudos empíricos entre 1992 e 2009 concluiu que há vários pontos de virada em relação à renda: "Os resultados indicam a presença de um relacionamento tipo CAZ na degradação da paisagem, poluição da água, resíduo agrícola, resíduo municipal e várias medidas poluentes do ar."[25]

Isso nos dá esperanças quanto a muitos países pobres que se aproximam rapidamente de tais níveis de renda. Contudo, há uma exceção importante: as emissões de dióxido de carbono dos combustíveis fósseis, que só começam a declinar quando níveis muito altos de renda são atingidos. Isso é preocupante, uma vez que o CO_2 e os chamados gases de efeito estufa deixam o clima global mais quente e instável.

Qual será o resultado é motivo de debates acalorados. Há um amplo espectro de cenários possíveis, de mudanças menores e mesmo benéficas a desastres globais, e muito depende do quanto as temperaturas subirão. O CO_2 aumenta a produção global de biomassa e, apesar do que ouvimos durante cada onda de calor, mais pessoas morrem em função de temperaturas baixas que em função de temperaturas elevadas. Entre 1979 e 2006, o número de americanos que morreram em razão do frio excessivo é duas vezes maior que o daqueles que o fizeram em razão do calor excessivo.[26]

Mas, se as temperaturas subirem demais, enchentes, secas, erradicação de espécies, doenças tropicais, furacões e derretimento de geleiras podem se tornar mais frequentes. As consequências e os custos podem ser muito vastos, especialmente nos países pobres, que não possuem a tecnologia e os recursos necessários para se ajustarem rapidamente. Mesmo que o pior cenário seja improvável, é válido nos protegermos contra ele limitando as mudanças climáticas. Você não precisa acreditar que a casa vai pegar fogo para fazer seguro contra incêndio.

Mas esforços drásticos e de longo alcance para limitar as emissões de dióxido de carbono podem ser contraproducentes. Não é necessariamente verdade que a melhor maneira de seguir em frente seja limitar as emissões para evitar alterações no clima. O importante é que nossas políticas climáticas não prejudiquem nossa habilidade de criar mais riqueza e melhores tecnologias e dar poder aos pobres do mundo. Isso seria matar o paciente para curar a doença. Os maiores problemas do mundo ainda são a pobreza e os riscos ambientais tradicionais, como ar e água poluídos. Forçar restrições e custos excessivos à população global pode tornar a vida mais difícil para os pobres de hoje porque queremos reduzir os riscos para os ricos de amanhã.

É fácil dizer que os países pobres deveriam usar painéis solares e outras fontes renováveis no lugar de combustíveis fósseis, mas, no estágio atual da tecnologia, elas frequentemente são caras demais e não fornecem uma quantidade suficiente e confiável de energia. Dez bilhões de dólares investidos em gás natural poderiam ajudar a retirar 90 milhões de pessoas da pobreza. Se o mesmo valor fosse investido apenas em fontes renováveis, ajudaria entre 20 e 27 milhões de pessoas, deixando 60 milhões na pobreza e na escuridão e milhares destinadas à morte prematura.[27]

Também precisamos de mais riqueza e desenvolvimento tecnológico para enfrentar novos problemas, do aquecimento global que ocorrerá o que quer que façamos agora a outros tipos de ameaça, como pandemias recorrentes, terremotos, tsunamis, supererupções vulcânicas, impactos de meteoros ou mudanças climáticas naturais. Apostar tudo para evitar um único risco nos deixará mais vulneráveis a outros problemas, mesmo que esse risco em particular, de acordo com os modelos computacionais, seja o pior de todos.

MEIO AMBIENTE

Os danos mais graves sempre ocorrem nos países mais pobres, em parte como resultado direto da pobreza. Frequentemente mensuramos o tamanho de um desastre por seu custo financeiro, mas os países ricos podem sofrer perdas financeiras maiores porque possuem mais ativos, para começar; isso nada diz sobre a extensão real do dano. De acordo com dados da ONU, 95% de todas as mortes resultantes de desastres naturais entre 1970 e 2008 ocorreram em países de baixa e média renda. Com mais riqueza, também conseguimos edificações mais seguras, códigos de construção, sistema de saúde, sistemas de alerta eficientes e melhor prevenção. Como o autor e correspondente científico Ronald Bailey afirma: "Clima ruim produz muito mais mortes e destruição quando encontra a pobreza."[28]

Há uma percepção popular de que civilizações dependentes de tecnologia não lidam tão bem com o colapso quanto as outras, pois precisam de sistemas complexos que podem falhar. Parece algo intuitivo e alimenta a ansiedade em relação a colapsos que os ricos ocidentais, dependentes de tecnologias que não compreendemos, frequentemente sentem. Mas isso não parece ser correto. Quando a relativamente desenvolvida Iugoslávia implodiu durante as guerras do início da década de 1990, as pessoas foram capazes de aplicar soluções inovadoras para manter ao menos um nível mínimo de higiene, água potável e energia para cozinhar e se aquecer. Quando a guerra civil estourou na já subdesenvolvida Serra Leoa, tal rede de segurança improvisada não pôde ser criada e a população caiu em um estado de destituição de proporções pré-históricas. Um manual sobre saúde global resume bem: "Bastante contrariamente ao senso comum, as sociedades tecnológicas e altamente desenvolvidas parecem ter melhores recursos para manter a saúde durante a guerra que sociedades mais pobres, que usam tecnologias menos modernas."[29]

Se esse é o caso, os desastres naturais deveriam se tornar menos destrutivos com o tempo, conforme o mundo enriquece, e é exata-

PROGRESSO

mente isso que os dados sugerem. Embora haja mais pessoas em risco, uma vez que a população está crescendo e construindo em locais mais perigosos, como áreas costeiras, o número de mortes está diminuindo. Um artigo analisou todas as mortes de 8.498 secas, incêndios florestais, tempestades, enchentes, movimentos de massa (como avalanches e deslizamentos) e eventos de temperatura extrema relatados entre 1900 e 2008 na Base de Dados Internacional de Desastres da EM-DAT. Desde os anos 1920, o número de mortes causadas por eventos climáticos declinou em quase todas as décadas, ainda que a população tenha crescido enormemente. A mortalidade anual causada por eles declinou em 84% nos períodos 1900–1989 e 1990–2008. A taxa anual de mortalidade — o risco de morrer em função de desastre natural — caiu surpreendentes 94%.[30]

Isso é importante, uma vez que a experiência e todos os modelos sugerem que os piores danos decorrentes do aquecimento global ocorrerão nos países pobres. Eles precisam se desenvolver para enfrentá-los. Se o crescimento econômico global permanecer em torno de 2% *per capita*, a pessoa média daqui a cem anos será oito vezes mais rica que a pessoa média de hoje. Com esses recursos, um alto nível de conhecimento científico e as soluções tecnológicas que poderão estar a nossa disposição, muitos dos problemas que nos intimidam hoje serão bem mais fáceis de resolver — de nos adaptarmos ao calor a removermos o CO_2 da atmosfera.

Há maneiras de reduzir a emissão de dióxido de carbono sem reduzir o crescimento, o comércio e o acesso à energia. Elas incluem processos mais eficientes de produção, construções com menor uso de energia e novas fontes de energia e combustível. Recentemente, fiz um documentário sobre a economia mundial, e conheci de perto o novo e impressionante cargueiro *Mærsk Mc-Kinney Møller*. Trata-se de um gigante transatlântico com mais de vinte andares de altura e quase 400 metros de comprimento. Se seus 18 mil contêineres fossem carregados

MEIO AMBIENTE

em um trem, os vagões formariam um comboio de 110 quilômetros. Mas, a despeito de seu tamanho pouco natural, o navio é provavelmente o mais ecológico meio de transporte de mercadorias já inventado.

Isso se deve parcialmente porque pode carregar tantos contêineres, mas também por causa de um sistema de propulsão de última geração, um motor ultralongo designado para espremer tantos quilômetros quanto possível de cada gota de óleo. Ele gira a uma velocidade menor que a usual, mas compensa isso com um propulsor de maior diâmetro.

Inovações como essa permitem fazer mais com menos. No mundo ocidental, a quantidade de energia necessária para produzir uma unidade de riqueza caiu cerca de 1% nos últimos 150 anos, e esse ritmo está acelerando. Se a tecnologia nos Estados Unidos tivesse congelado no nível de 1900, os americanos estariam emitindo três vezes mais CO_2 que hoje.

O fato de que nossa eficiência está aumentando não é suficiente para reduzir as emissões, uma vez que amanhã haverá mais pessoas no planeta e elas produzirão mais que ontem. As emissões de CO_2 já não acompanham o crescimento da economia de maneira linear, mas ainda estão crescendo.

Em alguns países avançados, todavia, o ponto de virada pode já ter sido atingido. Os Estados Unidos, a Grã-Bretanha e a União Europeia vêm reduzindo suas emissões totais de CO_2 desde 2000. Se a tecnologia verde está nos ajudando a reduzir as emissões e os países mais ricos a estão empregando com mais frequência, parece que a riqueza e a tecnologia não são necessariamente o problema, mesmo quando se trata do dióxido de carbono. Isso indica que a solução não é voltar atrás, mas intensificar as tendências atuais, assegurando que fontes de energia e combustíveis alternativos sejam desenvolvidos e se tornem mais baratos. Também ajudaria colocar um preço nas emissões, com uma taxa de receita neutra de carbono, de modo que as pessoas pagassem pelo CO_2 que emitissem.

PROGRESSO

Cientistas e empreendedores trabalham duro para aprimorar antigas tecnologias, inventar outras e encontrar novos caminhos. Reatores nucleares de terceira geração possuem maior eficiência térmica, tecnologia de combustível superior e sistemas passivos de segurança que se baseiam em fenômenos físicos para resfriamento em caso de emergência. Isso melhorou a segurança, reduziu os custos e ampliou sua vida operacional em um terço. O desastre da central nuclear de Fukushima Daiichi foi resultado de uma perda de energia que tornou impossível resfriar o combustível radioativo. Um sistema passivo de segurança não teria usado nada além da gravidade para circular a água e resfriar a usina e também teria feito circular o ar fresco do lado de fora.

Cientistas e empresas já estão trabalhando em energia nuclear de quarta geração. Esse é um apelido para reatores que, por enquanto, são somente experimentais. Todos possuem sistemas passivos de segurança, geram centenas de vezes mais energia a partir do mesmo combustível e não possuem os mesmos problemas com desperdício. Reatores mais velozes podem queimar também os resíduos. Uma inteligente inovação de segurança é o fato de reatores velozes queimarem combustíveis metálicos líquidos. Quando superaquecem, o combustível se expande e desacelera a reação. Desastres como os de Chernobyl e Harrisburg já não seriam possíveis.

A mudança real virá com os pequenos reatores modulares, que algumas empresas estão projetando. Bill Gates investiu na TerraPower, que quer construir um reator de onda viajante que usa resíduos radioativos como combustível, não precisa ser reabastecido e não derrete. A ideia é montá-los em fábricas, completamente isolados e programados para funcionar durante várias décadas sem intervenção humana. O reator também serviria como seu próprio caixão. Se isso funcionar, eles poderiam simplesmente ser jogados em um buraco de concreto — "construídos, enterrados e esquecidos". O fundador

MEIO AMBIENTE

da TerraPower acha que poderíamos "gerar energia para o mundo pelos próximos mil anos utilizando apenas o urânio empobrecido e as barras combustíveis das reservas atuais".[31]

O etanol, nas versões subsidiadas pelo governo, foi um fracasso em termos de custo, mas agora começamos a ver desenvolvimentos animadores em biocombustíveis. Tanto as grandes empresas petrolíferas quanto pequenas e inovadoras startups estão trabalhando em uma nova geração de biocombustíveis feitos de algas. Elas podem produzir centenas de vezes mais energia. Essa não é a única vantagem: também podem crescer em qualquer lugar, sem precisar competir com as preciosas terras cultiváveis, e empregam água do mar, em vez de água doce. Como as algas se alimentam de CO_2, podemos virar nossas chaminés e alimentá-las com nossas emissões.

Também há novas e fascinantes possibilidades que podem nos ajudar a retirar mais energia do sol. O grafeno é um incrível material criado em 2004 na Universidade de Manchester. Ele é inacreditavelmente fino e flexível, com a espessura de um único átomo de carbono, o que o torna quase bidimensional. Ao mesmo tempo, é notavelmente forte, não enferruja e conduz calor e eletricidade com eficiência. Esse único material poderia mudar de forma drástica a economia da energia solar, porque a maioria das células solares hoje usa o caro índio, ao passo que átomos de carbono não são exatamente raros. Até agora, o grafeno não se mostrou particularmente bom em coletar corrente elétrica de células solares, mas os cientistas estão trabalhando duro para resolver esse problema. Se conseguirem, no futuro poderíamos transformar qualquer coisa em uma usina de energia solar. Imagine sua casa, suas roupas e seu carro cobertos de filme solar.

E essas não são nem mesmo as tecnologias mais animadoras nas quais estamos trabalhando. Em laboratórios de todo o mundo, dezenas de milhares de cientistas e engenheiros tentam revolucionar a energia — de tornar inteligentes nossos eletrodomésticos cotidianos a colonizar o espaço. Se apenas uma dessas iniciativas for bem-sucedida, mudará o mundo e nossa forma de pensar.

Alguns sonham com energia produzida no espaço, onde não há noite, gases atmosféricos ou nuvens para bloquear o sol. Algum tipo de transmissor de micro-ondas ou laser dirigiria a eletricidade para as áreas da Terra que necessitam dela. Mas provavelmente precisaríamos de uma grande inovação robótica para construir e manter painéis solares no espaço.

Mais perto de casa, outros trabalham em uma internet de energia — uma rede inteligente e descentralizada de cabos elétricos, sensores e interruptores na qual tanto produtores quanto consumidores poderiam acrescentar e retirar informações e eletricidade. Os eletrodomésticos desligariam quando não estivessem em uso ou a energia fosse escassa, de modo que a lavadora de roupa poderia ligar sozinha no meio da noite. Isso ajudaria a solucionar o problema de estocagem das fontes solar e eólica, uma vez que a energia não utilizada seria armazenada em eletrodomésticos, carros e casas. Você carregaria seu carro quando o preço da eletricidade estivesse baixo e o conectaria novamente à rede quando estivesse alto.

Muitas empresas estão trabalhando na fotossíntese artificial, na qual nenhum organismo é necessário para transformar sol, água e CO_2 em "combustível solar". Outras estão modificando geneticamente certas bactérias para fazê-las comer lixo e excretar óleo cru. O geneticista Craig Venter realiza experimentos nos quais você decide se quer diesel, gasolina ou combustível de jato e então fornece as instruções relevantes de DNA a uma variedade de algas.

Vários cientistas estão pesquisando maneiras de remover CO_2 do ar. Pode soar forçado, mas é o que as árvores fazem todos os dias. Até agora, o processo é incrivelmente caro, mas as tecnologias mudam e essa seria uma maneira de não apenas reduzir, mas de fato reverter o aquecimento global. Um grande benefício seria o fato de as

MEIO AMBIENTE

máquinas não precisarem estar perto da fonte de emissão, de modo que poderiam ser colocadas onde a energia fosse mais barata e fosse mais fácil estocar e usar o dióxido de carbono.

Ninguém sabe o que funcionará no fim das contas. É por isso que precisamos de mais conhecimento, mais experimentos e mais colaboração. Se o progresso descrito nos capítulos anteriores nos ensinou algo, foi que o desenvolvimento surge quando mais cérebros têm acesso a mais conhecimento e mais olhos estão observando problemas e buscando maneiras de resolvê-los.

Conforme a disseminação da eletricidade e da internet nos conecta, mais pessoas descobrem o que está acontecendo no mundo e recebem ferramentas para participar. Tive o prazer de observar meninos e meninas em vilarejos marroquinos terem acesso à eletricidade pela primeira vez e darem seus primeiros passos on-line. Eles estão prestes a entrar em um novo mundo. Não somente podem aprender a ler e escrever, mas agora têm acesso à somatória do conhecimento humano e podem acrescentar sua própria engenhosidade a ele. Na verdade, o problema no coração do aquecimento global — nossa sede por energia — é também sua solução.

7

Alfabetização

A mente não é um vaso a ser preenchido, mas um fogo a ser aceso.

Plutarco[1]

Quando Lasse Berg e Stig Karlsson conheceram o pobre agricultor Bhagant no vilarejo indiano de Saijani, em 1977, Bhagant não sabia que vivia na Índia. Inicialmente, ele achou que o fotógrafo, Karlsson, tinha um problema nos olhos, pois precisava ficar segurando uma máquina na frente deles. Suas filhas, de 8 e 12 anos, trabalhavam duro na casa, nos campos e com os animais da fazenda. Bhagant era um *dalit*, e nenhuma das castas mais baixas de seu vilarejo tinha acesso à educação. Eles não podiam acompanhar as notícias, aprender sobre outros lugares ou se fazer ouvir. Parcialmente em função disso, viviam em abjeta pobreza.

Como vimos no capítulo 4, essa história tem final feliz. Quando Berg voltou em 2010, encontrou um vilarejo alfabetizado. Na geração de Bhagant, quase ninguém recebeu educação; na geração de seus filhos, alguns o fizeram (embora não seus filhos); e, na geração de seus netos, quase todos. As pessoas acompanhavam as notícias

PROGRESSO

na internet e usavam celulares, vendo-se como parte de um mundo maior. Discutiam as guerras nos outros continentes e os preços globais. Bhagant agora tem um trator e seu neto o usa para trabalhar em fazendas maiores. Sua neta Seema jamais trabalhará nos campos — ela está estudando para se tornar técnica em computação.

Quando visitei diferentes cidades indianas, sempre me surpreendi com a frequente visão de grandes grupos de crianças uniformizadas indo e voltando da escola. Desde a independência da Índia, em 1947, a taxa de alfabetização cresceu de 12% para 74% — o que ainda deixa a Índia com a maior população analfabeta do mundo. Atualmente, a taxa de alfabetização juvenil — entre pessoas de 15 a 24 anos — é maior que 90%.

A alfabetização deu à nova geração de indianos acesso à informação e voz na sociedade. Permitiu que se familiarizassem com novas habilidades e ideias, conseguissem empregos melhores e se tornassem mais independentes dos grandes proprietários de terra. Mas Bhagant também tem uma queixa. Com melhor educação, os jovens não sabem seu lugar. Contradizem os pais e se queixam da situação. Já não estão contentes. Querem mais da vida. Como observa Berg, "Em grande parte, trata-se dos habitantes dos vilarejos erguendo os olhos dos sulcos na terra que araram durante gerações e começando a olhar com curiosidade para o mundo um pouco mais além. Eles começaram a sonhar".[2]

A alfabetização — a habilidade de ler e escrever textos — é uma das habilidades mais importantes, uma vez que representa a capacidade de adquirir mais capacidade. Ela torna possível um uso muito amplo do conhecimento possuído por outros. Isso frequentemente reduz a pobreza de forma direta, pois permite apreender habilidades e ideias que nos tornam mais produtivos e capazes de empregar tecnologias. Também é importante para sermos cidadãos ativos e informados e acompanharmos e participarmos do mundo do conhecimento e do

ALFABETIZAÇÃO

entretenimento. Demonstrou-se que a alfabetização possui grande influência sobre a saúde dos indivíduos e de seus filhos.

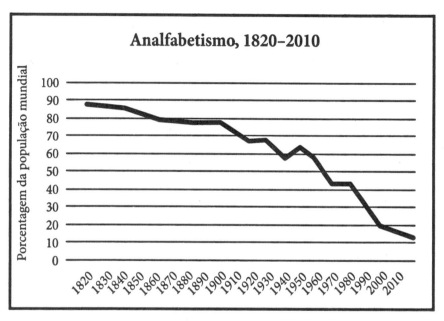

Fonte: OCDE, 2014.³

Há duzentos anos, de acordo com as melhores estimativas da OCDE, 12% da população mundial sabia ler e escrever.⁴ Até então, a alfabetização era principalmente uma ferramenta para a burocracia, a Igreja e a classe mercante. Ao longo da rota asiática da seda e dos rios europeus e através do deserto do Saara, os mercadores desenvolveram e passaram a usar letras e números para manter registros de seus estoques e transações. Em alguns países do norte da Europa, a alfabetização foi universalmente encorajada pela Igreja desde a Reforma, mas em especial para ler textos religiosos, e nem sempre incluindo a escrita. A maioria das escolas era administrada pela Igreja e focava na educação religiosa.

PROGRESSO

Muitos membros da elite europeia achavam que seria perigoso se os pobres recebessem educação. Eles poderiam ficar infelizes com suas vidas e deixar de aceitar seus destinos. Mas, durante o início do século XIX, grupos de caridade e filantropos fundaram escolas para os pobres em países como o Reino Unido, e o Parlamento começou a destinar fundos para esse objetivo. Nos anos 1870, a educação elementar se tornou compulsória e os pais sem recursos foram isentos do pagamento de taxas. O público em geral já estava aberto à ideia de educação estendida. Mesmo antes que a escola elementar se tornasse compulsória e gratuita, 95,5% das crianças em idade escolar na Inglaterra e no país de Gales estavam escolarizadas, de acordo com um estudo da Comissão Real.[5]

A alfabetização é o que se conhece como um clássico bem relacional — quanto mais pessoas souberem ler e escrever, mais você se beneficiará de sua própria capacidade de ler e escrever. E, se uma proporção suficiente de pessoas for alfabetizada, os negócios e a cultura serão transformados e a participação na sociedade se tornará extremamente difícil para os analfabetos. Na maioria das sociedades, quando as bases da alfabetização se expandem, ela se torna uma tendência autossustentável. Na Suécia, já em 1631, Anders Bure escreveu que os habitantes de Norrland, a esparsamente povoada parte norte do país, "gostam tanto das letras que, embora as escolas públicas sejam muito raras, os letrados instruem os outros com tal entusiasmo que a maior parte do povo comum, e mesmo os camponeses, são alfabetizados".[6]

O progresso na alfabetização tem seguido de perto o desenvolvimento econômico. Na Europa Ocidental, nos Estados Unidos e no Canadá, o aumento da renda e a escolarização formal para as massas fizeram com que cerca de 90% das crianças frequentassem a escola no fim do século XIX. Na época, a grande maioria possuía habilidades básicas de alfabetização e matemática. Levou meio século para que esse fosse o caso na Europa oriental, na Itália e na Espanha.

ALFABETIZAÇÃO

A disseminação da alfabetização demorou a chegar a países que se industrializaram tarde, mas, como nos capítulos anteriores, ocorreu mais rapidamente. No início da década de 1900, alguns poucos países em desenvolvimento, como Chile, Cuba e Argentina, podiam se vangloriar de uma taxa de alfabetização de 50%, mas países como Índia e Egito permaneciam abaixo dos 10%. Embora a alfabetização tenha frequentemente antecedido os sistemas estatais de educação no norte da Europa e na América do Norte, a educação formal desempenhou papel muito mais amplo no restante do mundo.

Em 1900, menos de 10% da população da Ásia Meridional, do Oriente Médio e da África Subsaariana havia recebido educação básica. Em 1990, cerca da metade. Atualmente, por volta de 70%. Mesmo na África Subsaariana, o índice é de 65% da população. Na América Latina, a proporção cresceu de 23% em 1900 para 94% em 2010. Na Ásia Oriental, de 30% para 90%. O tempo médio que as crianças passam na escola aumentou de uma média global de 3,2 para 7,7 anos entre 1950 e 2010. Isso é mais que a média sueca em 1950.[7]

A taxa global de alfabetização cresceu de cerca de 21% em 1900 para quase 40% em 1950 e 86% em 2015. Isso significa que, hoje, apenas 14% da população adulta global *não sabe* ler e escrever, ao passo que, em 1820, somente 12% *sabia*.[8] Apesar das desigualdades, isso significa que vimos uma rápida convergência. Os países pobres costumavam ter apenas um oitavo do nível de alfabetização dos países ricos; agora, têm a metade.[9]

Algumas das realizações mais surpreendentes são muito recentes. Desde 1990, a matrícula no ensino fundamental em países de baixa e média renda cresceu de 80% para 91%. Na Ásia Meridional, de 75% para 95% e, no norte da África, de 80% para 99%. Para a Organização das Nações Unidas, 97% de matrículas representam matrícula universal. Por esse padrão, ela foi atingida ou está próxima de sê-lo em todas as regiões do mundo, com exceção da África Subsaariana.

PROGRESSO

Mas lá a taxa de matrículas cresceu mais que em qualquer outro lugar, de 52% para 80% desde 1990.[10] Considerando-se que pouquíssimos países africanos atingiram taxas superiores a 5% antes da Segunda Guerra Mundial, trata-se de um feito notável.[11]

O número de crianças fora da escola em todo o mundo caiu de 100 milhões para 57 milhões entre 1990 e 2015, a despeito de uma população muito maior. Mais da metade vive na África Subsaariana, dado que a renda é um dos mais fortes correlatos da matrícula. Nos países em desenvolvimento, cerca de 22% das crianças em idade escolar no quintil mais pobre estão fora da escola, mas somente 5,5% no quintil mais rico. E o risco de os mais pobres não terminarem o ensino fundamental é cerca de cinco vezes mais alto.[12]

Em 1970, metade dos adultos nos países em desenvolvimento ainda era analfabeta. Atualmente, são menos de um quinto. Hoje, o analfabetismo existe majoritariamente entre pessoas mais velhas que jamais receberam educação quando jovens. "No mundo todo, o analfabetismo rapidamente se torna antes uma condição curável da juventude que uma condição crônica da vida adulta", como afirma o economista do desenvolvimento Charles Kenny. Em 2015, a taxa global de alfabetização juvenil era de 91%, um crescimento de oito pontos percentuais desde 1990.[13]

Embora a educação formal tenha feito a maior diferença, em alguns lugares as campanhas maciças de alfabetização, que visam ao aprimoramento das habilidades de leitura e escrita entre adultos, resultaram em grandes melhorias isoladas. Frequentemente, isso foi uma maneira de promover a unidade nacional e, ainda mais frequentemente, teve impacto logo após a independência ou uma grande transição política. "Se você sabe, ensine; se não sabe, aprenda", dizia uma campanha somali em 1974, e o público respondeu de modo brilhante: a alfabetização cresceu de 5% para 20%. A primeira campanha nacional da Tailândia, em 1942–5, ensinou 1,4 milhão de pessoas a ler. Com a

ALFABETIZAÇÃO

ajuda do Fundo Europeu de Desenvolvimento, o governo da Tanzânia quase dobrou a taxa de alfabetização entre 1967 e 1975.[14]

Rendas mais elevadas e condições mais pacíficas têm dado suporte à educação. Desde 1820, a única vez em que vimos decréscimo global da alfabetização foi durante a Segunda Guerra Mundial. O desenvolvimento também deu aos pais incentivo para matricular os filhos. Se há uma chance maior de os filhos terem uma vida longa, com oportunidades de encontrar empregos bem pagos, faz mais sentido gastar recursos em vários anos de escolarização. Como Kaushik Basu, então conselheiro do governo indiano, observou em 2012, a maior parte do rápido crescimento da taxa de alfabetização na Índia é resultado de os pais decidirem investir diretamente na educação dos filhos: "As pessoas comuns perceberam que, em uma economia globalizada, ganhariam dinheiro mais rapidamente se tivessem uma educação melhor."[15]

Isso acontece por meio de escolas privadas — quase um quarto das crianças indianas agora frequenta colégios particulares que cobram uma pequena mensalidade. Os pais estão dispostos a pagar, uma vez que as escolas públicas muitas vezes sofrem com a mesma corrupção que corrói o sistema político e muito dinheiro é desperdiçado. Uma inspeção nas escolas rurais da Índia em 2010 mostrou que um quarto dos professores estava ausente. O Paquistão recentemente descobriu que estava pagando por mais de 8 mil escolas que não existiam — o equivalente a 17% de todas as escolas do país.[16]

James Tooley, professor inglês de políticas da educação que tem pesquisado o ensino particular em todo o mundo, afirma que os pais frequentemente estão mais bem posicionados que o governo para decidir sobre a educação dos filhos. Ele conheceu pais em favelas na Ásia e na África que conversam com todo mundo sobre as melhores escolas e então as visitam, até encontrar o lugar certo. E, quando encontram uma escola melhor, transferem os filhos para ela, o que força as escolas privadas a trabalharem duro para oferecer a melhor educação possível. Às vezes, o governo cria escolas públicas que fornecem ensino inadequado, apenas para impressionar os países doadores com índices de matrícula, mas os colégios particulares precisam mostrar resultado se quiserem que as crianças permaneçam neles.[17]

As meninas foram as maiores beneficiadas com a expansão da educação, pois são universalmente as mais discriminadas. Assim como as classes dominantes temiam a emancipação dos pobres, os homens temiam que as mulheres se tornassem independentes demais se aprendessem a ler. (Curiosamente, no século XVI, os editores começaram a publicar versões menores dos livros, mais fáceis de esconder dos maridos.) Quando a Suécia criou a educação primária de seis anos, em 1842, um importante padre no Parlamento se perguntou por que as meninas estavam sendo incluídas. Que uso teriam para a alfabetização, com exceção de escreverem uma ou outra carta de amor para os noivos?

A oposição à educação feminina ainda está presente nos círculos reacionários e fundamentalistas. O Talibã baniu as meninas das escolas quando governou o Afeganistão e professores e alunas de escolas clandestinas corriam risco de execução. O Talibã paquistanês tentou matar Malala Yousafzai, de 15 anos, por promover a educação de meninas no vale do Swat. Mas, na maioria dos países, a participação feminina se aproxima rapidamente da masculina. A proporção global de alfabetização feminina em comparação à masculina cresceu de 59% para 91% entre 1970 e 2010. No grupo etário jovem, entre 15 e 24 anos, é de quase 96%.[18]

Em 1990, a razão entre matrículas femininas e masculinas nos ensinos primário, secundário e terciário estava em torno de 0,8 nos países de baixa e média renda. Em 2015, subira para 0,98 para o ensino primário e secundário e 1,01 para o terciário.[19] Foi uma realização espantosa, e importante não apenas por questões de justiça

ALFABETIZAÇÃO

e igualdade de oportunidades, mas também porque a mortalidade infantil decresce quando aumenta a escolaridade feminina. Parte disso pode ser explicada pelo fato de a educação frequentemente conduzir a um emprego, maior renda e melhor acesso a alimentos, higiene e água limpa. Contudo, o efeito vai além do que pode ser explicado por esses fatores, indicando que mães mais instruídas assumem uma responsabilidade mais ativa pela saúde dos filhos que as que acreditam que a doença e a morte são controladas por Deus ou pelo destino.

Poucos indivíduos testemunharam tão poderosamente o poder da alfabetização quanto Frederick Douglass, o escravo afro-americano que mais tarde se tornou célebre orador e reformador. Em 1838, aos 30 anos, ele escapou do cativeiro pulando em um trem para o norte e chegou a Nova York. Não encontrou palavras para descrever sua felicidade: "A angústia e o pesar, como a escuridão e a chuva, podem ser descritos, mas a alegria e o contentamento, como o arco-íris, desafiam a habilidade da pena ou do lápis."[20]

A emancipação de Douglass teve início quando, sozinho, ele aprendeu a usar caneta e papel. A esposa do proprietário Hugh Auld havia lhe ensinado o alfabeto, mas Hugh desaprovara, temendo que um escravo alfabetizado ficasse descontente com sua posição na vida e começasse a exigir liberdade.

Douglass aproveitou cada chance que teve para se livrar da "escuridão mental" de sua vida anterior. Ele fazia amizade com meninos brancos que encontrava nas ruas e pedia que o ajudassem a compreender o significado das letras e palavras. Quando saía para fazer algo, sempre levava um livro consigo, cumpria a tarefa rapidamente e arrumava tempo para uma aula antes de retornar. Mais tarde, aprendeu sozinho a escrever, dizendo a todo menino que encontrava que podia escrever tão bem quanto eles e desafiando-os a contestar. Quando os meninos escreviam as letras, ele copiava nas cercas, nos muros ou no chão com um pedaço de giz.

PROGRESSO

Ocorre que o proprietário de escravos, Hugh Auld, estava certo. Aprender a ler e escrever permitiu que Douglass compreendesse sua situação e ele começou a deplorar a escravidão. Contou que, ao aprender a escrever, começou a se ver por si mesmo, e não através dos olhos do feitor. Ao ler livros e jornais em segredo, descobriu que havia estados nos quais os negros eram livres e os brancos se opunham à escravidão. Soube de escravos que haviam escapado e deu início ao planejamento a própria fuga. Também começou a ensinar outros escravos da plantação a ler, em uma escola semanal secreta.

Frederick Douglass disse que a alfabetização o libertou. Mas, às vezes, antes que conquistasse a liberdade, ele a via mais como maldição que como bênção, pois ela o fazia ver sua horrível condição sem lhe conceder uma solução. Isso criou nele uma ânsia insana pela libertação:

A trombeta prateada da liberdade despertou minha alma. A liberdade se mostrou e então desapareceu para sempre. Era ouvida em cada som e vista em cada coisa. Estava sempre presente, para me atormentar com a consciência de minha miserável condição. Eu nada via sem ali vê-la, nada ouvia sem também a ouvir e nada sentia sem sentir sua presença. Ela me observava de cada estrela, sorria para mim em cada calmaria, soprava em cada brisa e caminhava em cada tempestade.[21]

8

Liberdade

A história é pouco mais que uma tabela dos crimes e infortúnios
humanos.

Voltaire[1]

Quando Frederick Douglass tinha cerca de 10 anos, seu dono morreu.
Como não deixou testamento, suas posses tiveram de ser divididas
entre o filho e a filha. Frederick e os outros escravos foram imediatamente chamados. Eles se amontoaram, homens e mulheres, velhos e
jovens, casados e solteiros. "Havia cavalos e homens, bois e mulheres,
porcos e crianças, todos no mesmo nível na escala dos seres e todos
sujeitos ao mesmo exame minucioso."

Mas essa total desumanização de jovens e velhos não era nada, se
comparada ao horror da separação:

Nosso destino seria decidido. Não tínhamos mais voz naquela decisão que as bestas em cujo nível estávamos. Uma única palavra dos
homens brancos bastaria — contra todos os nossos desejos, preces e

promessas — para separar definitivamente amigos queridos e familiares amados e romper para sempre os laços mais fortes conhecidos pelo homem.[2]

E os escravos sabiam muito bem que, se terminassem nas mãos erradas, nas mãos de um dono mais brutal, não haveria limite para os horrores que conheceriam da alvorada ao ocaso.

A escravidão é a mais brutal forma de opressão que o mundo já conheceu. Os escravos eram propriedade de outra pessoa, que podia mandar neles, espancá-los à vontade, passá-los adiante ou alugá-los. E essa condição existia por toda parte. De fato, a escravidão era tão comum que mesmos os poucos que verbalizavam sua oposição frequentemente possuíam escravos. Eles eram forçados a realizar tarefas cotidianas, trabalhar nos campos ou nas minas e se prostituir.

Dick Harrison, um historiador sueco que escreveu uma fundamental história da escravidão, diz ainda não ter encontrado uma civilização que, em certo momento, não a tenha praticado. Na academia e nos debates populares, tendemos a focar em variedades particulares e modernas, a exemplo do comércio de escravos através do Atlântico, como faço aqui, mas a escravidão sempre esteve entre nós. Entre 30% e 60% dos africanos já eram escravos antes que os europeus assumissem o controle, levados por árabes ou outras tribos africanas.[3]

Na Bíblia, a escravidão é considerada uma instituição natural e estabelecida. No Velho Testamento, aprendemos que "eles se tornarão sua propriedade. Vocês poderão deixá-los como herança para seus filhos e fazê-los escravos para sempre" (Levítico 25:45–46) e o Novo Testamento recomenda: "Escravos, obedeçam a seus senhores terrenos com respeito e temor, com sinceridade de coração, como a Cristo" (Efésios 6:5).

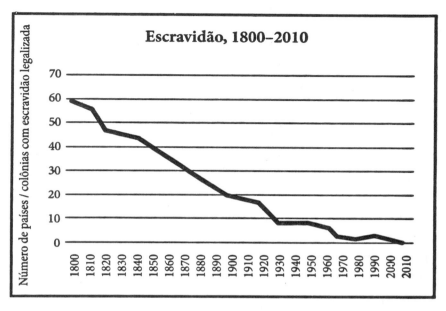

Fonte: "Linha do tempo da abolição da escravidão", *Wikipédia*, 20 de fevereiro de 2016.

Em Esparta, os escravos superavam os indivíduos livres em sete para um, de acordo com o historiador grego Heródoto. Mesmo na democrática Atenas, provavelmente havia mais escravos que homens livres. Era sinal de extrema pobreza não possuir ao menos um escravo e a literatura está repleta de cenas nas quais escravos são chicoteados por desobedecerem a seus mestres. Nos tempos romanos, havia mercados de escravos em todas as cidades do império e as famílias abastadas podiam ter centenas deles. Júlio César levava mercadores de escravos em suas campanhas e vendia os prisioneiros diretamente para eles. Em seu *As guerras da Gália*, descobrimos que, quando derrotou os aduatuques, uma tribo alemã, vendeu todos os 53 mil sobreviventes. Os escravos parecem ter tido uma vida extraordinariamente difícil e em circunstâncias brutais, com frequência sendo punidos de forma severa quando não agradavam a seus mestres. Em Roma, a expectativa de sobrevivência média dos escravos pode não ter sido mais longa que 17 anos.[4]

As potências europeias escravizavam rotineiramente as populações coloniais, empregando justificativas religiosas. Em 1452, o papa Nicolau V deu aos países católicos "permissão para invadir, procurar, capturar e subjugar os sarracenos, pagãos e quaisquer outros descrentes e inimigos do Cristo onde quer que possam estar [...] e reduzi-los à perpétua escravidão".[5]

Quando Espanha e Portugal assumiram o controle da América nos anos 1500, os povos indígenas foram oprimidos e escravizados. Houve, não obstante, alguns poucos e bravos oponentes a essa prática, o mais proeminente sendo o frei dominicano espanhol Bartolomé de Las Casas. Ele afirmava que os povos indígenas tinham direito a suas próprias pessoas, crenças e propriedades, tornando-se um proponente precoce da teoria dos direitos humanos.

Mas não é fácil nos distanciarmos do período em que vivemos. Mesmo ele, que passou cinquenta anos lutando contra a escravidão, achou difícil explicar como um mundo sem escravos poderia funcionar. Como alternativa à escravização dos índios, Las Casas sugeriu que a Espanha importasse escravos africanos para as fazendas. Mais tarde, arrependeu-se e concluiu que os africanos tinham os mesmos direitos individuais dos índios, mas esse horrível sistema sobreviveu a ele por mais de trezentos anos. Ao contrário da população indígena, os escravos africanos, ao morrerem, podiam ser continuamente substituídos por novos escravos vindos da África e se tornaram parte integral da economia americana. O número de pessoas escravizadas no comércio atlântico pode ter chegado a 10 milhões e as condições eram as mais brutais que o mundo já viu. Os africanos eram raptados e levados a pé até a costa, onde ficavam presos durante muito tempo, até que um navio negreiro chegasse. Entre 10% e 20% morriam nos navios superlotados a caminho da América, presos com correntes nas pernas, nos punhos e no pescoço. Quase 1,5 milhão de escravos podem ter morrido apenas nos navios.

Durante o iluminismo, com seu ataque às hierarquias e tradições, os argumentos de Las Casas sobre os seres humanos serem senhores de si se difundiram entre os filósofos. Assim como o igualitarista Richard Rumbold, a maioria dos pensadores iluministas acreditava na igualdade de direitos e rejeitava a noção de que a maior parte da humanidade nascera com selas nas costas e rédeas na boca, com alguns poucos usando botas e esporas para conduzi-la. Os liberais clássicos do iluminismo escocês Francis Hutcheson e Adam Smith condenaram a escravidão desde o início e, em 1772, o chefe de justiça inglês a declarou ilegal. Qualquer escravo levado ao país seria libertado assim que pisasse em solo inglês ou escocês. No Parlamento, William Wilberforce lutou contra o comércio de escravos e pela completa abolição da escravatura durante quase meio século.

Os iluministas franceses também se opunham à escravidão. Na espetacular *Encyclopédia* de 1756, Denis Diderot escreveu que "Essas compras são transações que violam a religião, a moral, a lei natural e todos os direitos humanos. Não há uma única dessas almas desafortunadas [...] que não tenha o direito de ser declarada livre".[6]

Voltaire desafiou a crença de que a escravidão era justificável porque as pessoas pertenciam a grupos étnicos diferentes. Em seu ficcional *História das viagens de Sacramento*, Voltaire conta a história de um africano que escraviza a tripulação branca do navio negreiro: "Seu nariz é longo, o nosso é curto; seu cabelo é liso, o nosso é crespo; sua pele é branca, a nossa é negra; consequentemente, pelas leis sagradas da natureza, devemos permanecer inimigos [...] quando formos mais fortes, transformaremos vocês em escravos."[7]

Ainda que fosse apenas uma virada de mesa consciente e filosófica em relação aos proponentes europeus da escravidão, a ideia de africanos escravizando brancos não era fantasiosa. Durante centenas de anos, os europeus haviam vivido com medo dos piratas norte-africanos da Berbéria que atacavam cidades costeiras a fim de capturar centenas de milhares de prisioneiros para os mercados de escravos otomanos na Argélia e no Marrocos. Parte das frentes costeiras da Espanha e da Itália foi abandonada como resultado. Nos anos 1600, os piratas começaram a atacar navios ingleses e as famílias e igrejas na Inglaterra pagavam resgates para libertar os marinheiros. Uma das razões pelas quais os recém-independentes Estados Unidos construíram uma Marinha foi para defender os navios mercantes americanos dos piratas. Os Estados Unidos até mesmo lutaram em duas breves batalhas contra os Estados berberes no início dos anos 1800.

O presidente que começou a desafiar os Estados berberes foi Thomas Jefferson, e suas opiniões sobre a escravidão lançam luz sobre o torturado relacionamento americano com a instituição. A Declaração da Independência que ele assinou em 1776 é um dos mais poderosos resumos da visão de mundo do iluminismo e do direito humano à liberdade. Pareceria lógico que também rejeitasse a escravidão. E de fato o fazia — no primeiro esboço. Um dos crimes do rei inglês foi listado da seguinte maneira:

> ele iniciou uma guerra cruel contra a própria natureza humana, violando seus mais sagrados direitos à vida e à liberdade nas pessoas de um povo distante que nunca o ofendeu, capturando-as e carregando-as para a escravidão em outro hemisfério ou para sofrerem uma morte miserável no transporte para lá. Essa guerra pirática, o opróbio dos poderes infiéis, é a guerra do rei CRISTÃO da Grã-Bretanha, determinado a manter aberto um mercado no qual HOMENS podem ser comprados e vendidos.[8]

LIBERDADE

Essa cláusula foi omitida antes de ser publicada. A economia agrícola da América do Sul era dependente demais da escravidão e a maioria dos signatários da Declaração, incluindo o próprio Jefferson, era proprietária de escravos. Os ideais da revolução não podiam ser facilmente reconciliados com a instituição da escravidão, e a abolição foi conseguida aos poucos. Em 1777, Vermont aboliu a escravatura e, em 1780, a Pensilvânia libertou os futuros filhos de escravos, o que se tornou modelo para outros estados do norte, de modo que a escravidão terminasse gradualmente. Nas três décadas após a Revolução Americana, todos os estados do norte começaram a aboli-la.

Em 1806, o presidente Jefferson pediu a criminalização do comércio internacional de escravos e, no ano seguinte, o Congresso aprovou a transformação da participação americana na prática em crime grave. Mais tarde no mesmo mês, a Inglaterra aboliu o comércio de escravos no Império Britânico. No Congresso de Viena, em 1815, ficou claro o quanto as atitudes haviam se voltado contra a escravidão. Os poderes vitoriosos nas guerras napoleônicas, todos bastante conservadores e firmemente contrários ao republicanismo e à revolução, declararam que o comércio de escravos era considerado, "por homens justos e honrados de todas as idades, ofensivo aos princípios da humanidade e da moral universal".[9] Nas décadas seguintes, quase todos os países europeus começaram a abolir a escravidão, assim como suas antigas colônias na América Latina.

O único país com determinação e poder para encerrá-la globalmente era a Inglaterra. Em 1834, a escravidão foi abolida em todas as colônias inglesas. Quando assumiu um controle mais direto sobre a Índia, ela também promoveu a abolição no país, em 1843. Além disso, formou o Esquadrão da África Ocidental para patrulhar a costa africana em busca de navios de escravos. Com 36 navios depois de 1845, o esquadrão tinha uma das maiores frotas do mundo. Durante mais de sessenta anos, a Marinha Real capturou 1.600 navios e libertou quase 150 mil escravos, ainda que alguns mercadores os jogassem ao mar quando estavam em risco de serem flagrados.

Nos Estados Unidos, os estados do norte se tornaram cada vez mais hostis à escravidão, embora o sistema se entrincheirasse ainda mais no sul. A importação de escravos fora banida, mas os estados sulistas eram autossuficientes, com cerca de 4 milhões de escravos. A situação era explosiva, uma vez que o equilíbrio entre estados livres e escravagistas era precário. Oficiais do norte eram obrigados a auxiliar na caça a escravos fugitivos, mas, ao mesmo tempo, a hostilidade e a agitação contra a escravidão eram ferozes.

Um dos mais radicais e importantes abolicionistas foi William Lloyd Garrison. Como jovem estagiário em um jornal, ele viu muitos anúncios de proprietários de escravos que diziam aos leitores como identificar os fugitivos. Um homem com cicatrizes nas costas por ter sido chicoteado, alguém que tivera os dedos dos pés cortados, outro que fora ferido com um tiro ou marcado a ferro na bochecha esquerda. Isso o convenceu do grave pecado que era a escravidão e ele começou a editar semanalmente o jornal abolicionista *The Liberator*, prometendo ser "tão duro quanto a verdade e tão descompromissado quanto a justiça". O jornal sempre perdia dinheiro e quase levou Garrison à falência, mas ele o manteve durante 35 anos, para forçar os americanos a encararem o mal moral da escravidão. Em função disso, uma multidão pró-escravatura tentou linchá-lo e a legislatura da Geórgia ofereceu 5 mil dólares a qualquer um que o levasse até o estado para julgamento e provável enforcamento.

Outros oponentes da escravidão criaram uma "ferrovia clandestina" — um vasto sistema de rotas secretas, pontos de encontro e refúgios que permitiam que os escravos fugissem para a liberdade nos estados do norte ou no Canadá. Em seu auge, estima-se que cerca de mil escravos escapavam todos os anos usando a ferrovia.

LIBERDADE

No fim, foi preciso um presidente abolicionista e uma brutal guerra civil para pôr fim à prática em todo o país. Quando Abraham Lincoln obteve a presidência com uma plataforma hostil à escravidão, vários estados do sul se separaram da União, criaram a Confederação e atacaram e tomaram fortes federais. O vice-presidente da Confederação, Alexander Stephens, explicou que a ideia de Thomas Jefferson de que todos os homens eram iguais era uma mentira e que: "Nosso novo governo foi fundado sobre a ideia exatamente oposta; suas bases e pedras fundamentais repousam sobre a grande verdade de que o negro não é igual ao homem branco e a subordinação escrava à raça superior é sua condição natural e normal."[10]

O apologista sulista George Fitzhugh falou abertamente sobre a "Revolução Sulista de 1861" como revolução contrária ao iluminismo:

> um solene protesto contra as doutrinas de liberdade natural, igualdade humana e contrato social, como ensinadas por Locke e os sábios americanos de 1776, e um protesto igualmente solene contra as doutrinas de Adam Smith, Franklin, Say, Tom Paine e o restante dos economistas políticos infiéis que afirmam que o mundo é governado demais.[11]

Mas esse contra-Iluminismo foi tanto combatido na arena intelectual quanto derrotado militarmente. Em 1863, o presidente Abraham Lincoln emitiu uma ordem presidencial declarando que escravos em todas as áreas controladas pela Confederação deveriam ser libertados. Em fevereiro de 1865, depois da derrota confederada, Lincoln assinou a décima terceira emenda à Constituição, abolindo a escravidão nos Estados Unidos.

Aparentemente, o trem abolicionista não podia ser detido. Mesmo os países mais autoritários no fim o seguiram. A Rússia libertou seus servos em 1861, o Império Otomano aboliu a escravidão em 1882

PROGRESSO

e a China, em 1906. No século seguinte, a Alemanha nazista e os comunistas a reintroduziram em escala maciça, mas os dois sistemas foram derrotados de forma decisiva, militar e ideologicamente, ainda durante o século XX. A curva tendia à emancipação. A escravidão foi mais persistente no mundo árabe, mas, mesmo ali, os últimos Estados a aboliram após a Segunda Guerra Mundial. Omã o fez em 1970 e a Mauritânia em 1981, embora ela só passasse a ser criminalizada em 2007.

Dificilmente pode haver um exemplo mais forte de progresso humano que o fato de a escravidão, que existiu em quase todos os países até 1800, agora estar formalmente banida em todo o mundo. Mas isso não significa que ainda não seja praticada. Milhões ainda sofrem com trabalhos forçados, servidão por dívida, tráfico e casamentos arranjados. Às vezes, a interdição não é imposta pelos governos e, em outras, o crime ocorre em setores informais que os governos não são capazes de atingir. O Índice Global de Escravidão 2014 da Walk Free Foundation estima que mais de 35 milhões de pessoas vivem em estado de escravidão moderna. Os piores infratores são a Mauritânia e o Uzbequistão, onde cerca de 4% da população vive em algum tipo de escravidão. Grupos terroristas islâmicos como o Estado Islâmico e o Boko Haram regularmente sequestram pessoas para escravizá-las.

Mas, embora a escravidão ainda exista, quase ninguém mais a defende por princípio, e a batalha agora é bastante diferente. Como diz o cofundador da Free the Slaves, Kevin Bales:

> Hoje, não temos de vencer a batalha legal; existe uma lei contra ela em todos os países. Não temos de vencer o argumento econômico; nenhuma economia depende da escravidão (ao contrário do século XIX, quando indústrias inteiras poderiam ter entrado em colapso). E não temos de vencer o argumento moral; ninguém mais tenta justificá-la.[12]

LIBERDADE

Outro desenvolvimento crucial na emancipação mais ampla da humanidade foi a extensão em que o poder do Estado foi limitado e os governantes impedidos de usar a força governamental de acordo com seus caprichos. Desde o início da história dos governos, os governados lutaram para restringi-lo, limitando e dividindo seus poderes e sujeitando-o às leis e à vontade popular. Na Europa, a disputa entre Igreja e Estado limitou o alcance de ambos, pois significava que havia outro padrão pelo qual seu domínio podia ser julgado. Na Idade Média, muitas cidades, guildas e comunas conquistaram dos reis espaços de liberdade. A Carta Magna de 1215, pela qual o rei João da Inglaterra foi forçado a proteger os barões da justiça arbitrária, é o exemplo mais famoso. Apenas sete anos depois, a Bula Dourada da Hungria introduziu limites constitucionais ao poder real, incluindo até mesmo o direito de desobedecer-lhe se agisse contra a lei.

Na era moderna, essa batalha foi travada contra o absolutismo real dos Stuart na Inglaterra, dos Bourbon na França e dos Habsburgo em vários tronos europeus. No século XVII, pensadores iluministas como John Locke argumentaram que os monarcas não possuíam o direito natural de governar e que esse direito era sujeito à proteção dos direitos individuais à vida, à liberdade e à propriedade. Se não respeitassem esses direitos, o povo tinha o direito de depô-los. A Revolução Gloriosa de 1688 e a Revolução Americana de 1776 foram marcos importantes durante os quais governantes foram substituídos por governos limitados pelos direitos individuais e pelo controle parlamentar.

O passo seguinte foi dar ao povo o controle sobre o governo. Como estamos acostumados a essa forma de governo, é fácil esquecer que ele é um evento muito recente. Quando olhamos para o século XX, o desenvolvimento mais importante foi o surgimento da democracia, argumenta o economista indiano e vencedor do prêmio Nobel Amartya Sem. Ela foi um processo lento e tortuoso para os países durante séculos e então, subitamente, ganhou seu lugar.

No ano 1900, exatamente 0% da população mundial vivia em uma democracia real, na qual cada homem e mulher correspondem a um voto. Mesmo os mais modernos e democráticos países excluíam as mulheres, os pobres e as minorias étnicas das eleições. A Nova Zelândia foi, de certas maneiras, uma democracia pioneira, mas a população indígena não tinha o direito de votar. Ainda levaria seis anos para que a Finlândia permitisse o voto feminino. Passo a passo, mais pessoas foram incluídas no processo democrático. Em meados do século XIX, a classe média e os fazendeiros com posses receberam o direito de votar nos países europeus ocidentais e a causa do sufrágio foi defendida pelo movimento trabalhista e pelas mulheres.

Em 1950, a parcela da população mundial que vivia em democracias crescera de 0% para 31% e, em 2000, para 58%, de acordo com a Freedom House, defensora das liberdades civis. Atualmente, mesmo os ditadores precisam fingir adotar a democracia e encenar eleições.

Isso teria parecido impossível há algumas décadas. Em 1975, Daniel Patrick Moynihan era o representante americano junto às Nações Unidas e estava preocupado. Na época, a União Soviética era forte e se expandira para o Vietnã, o Camboja e o Laos, e a América Latina era governada por ditadores militares. A Grécia, as Filipinas, o Chile e o Uruguai haviam sido tomados por forças autoritárias e mesmo a Índia experimentava um período de ditadura. Moynihan escreveu que a democracia "tende cada vez mais à condição da monarquia durante o século XIX: uma forma remanescente de governo que persiste em lugares isolados e peculiares, aqui e ali" e concluiu que ela "simplesmente não possui relevância para o futuro".[13] Ao mesmo tempo, Willy Brandt, o chanceler alemão, previu que a Europa ocidental tinha apenas vinte ou trinta anos restantes de democracia.

Mas então vimos avanços maiores que nunca. Durante mais de uma década, dissidentes e grupos da sociedade civil como o Solidariedade, na Polônia, liderado por Lech Wałęsa, ou o Charta 77,

LIBERDADE

na Tchecoslováquia, fundado pelo escritor Václav Havel e outros, minaram o sistema comunista. Com a ajuda de fotocopiadoras, eles disseminaram textos críticos pela clandestinidade e desafiaram publicamente a opressão. Com o crescimento da resistência, os segredos abertos se tornaram fatos públicos. As pessoas sabiam que seus governos eram corruptos e estavam falidos, mas agora descobriam que todo mundo também já sabia.

Quando Mikhail Gorbachev se tornou líder de uma União Soviética estagnada, em 1985, ele encorajou a reforma e fez surgir a possibilidade de os soviéticos não responderem militarmente se os Estados satélites escolhessem seu próprio caminho, como haviam feito com a Hungria em 1956 e a Tchecoslováquia em 1968. Isso trouxe esperança. Greves nacionais na Polônia em 1988 e o apoio da Igreja Católica forçaram o governo a legalizar o Solidariedade e aceitar eleições parcialmente livres em junho de 1989. O Partido Comunista foi esmagado e, no ano seguinte, o antigo dissidente Wałęsa se tornou presidente.

Ao mesmo tempo, o Partido Comunista húngaro implementou reformas políticas, e manifestações em massa as levaram ainda mais longe. Em maio de 1989, a Hungria desmantelou sua seção da Cortina de Ferro e permitiu que as pessoas fossem para o ocidente. Em outubro, o Parlamento húngaro aprovou a legislação para realização de eleições democráticas. Como milhares de seus cidadãos fugiram para o ocidente através da Hungria, a Alemanha Oriental fechou completamente suas fronteiras. A população aprisionada protestou em números ainda maiores. Todas as segundas-feiras, em Leipzig, milhares se manifestavam contra a ditadura. O líder comunista Erich Honecker ordenou que os militares atirassem nos manifestantes, mas eles se recusaram a abrir fogo contra seus conterrâneos e logo os protestos passaram a atrair centenas de milhares. Honecker foi deposto e, em novembro, o regime disse que permitiria que os alemães orientais viajassem diretamente para a Alemanha Ocidental, através do muro de Berlim. Imediatamente, centenas de milhares se reuniram ao lado do muro e dominaram os guardas da fronteira. Estes puderam apenas observar, pasmos, quando, em 9 de novembro de 1989, os alemães orientais destruíram o muro que simbolizava sua opressão. Um ano depois, a Alemanha foi reunificada.

Enfrentando protestos, o governo tchecoslovaco também cedeu em novembro. Após a "Revolução de Veludo", o dissidente Václav Havel se tornou presidente. O governo búlgaro começou uma série de reformas e aceitou eleições em junho de 1990. Cada sucesso inspirava as pessoas em outro lugar, alimentando uma reação em cadeia cada vez mais veloz. A Revolução de 1989 foi popularmente resumida como: "Polônia — 10 anos; Hungria — 10 meses; Alemanha Oriental — 10 semanas; Tchecoslováquia — 10 dias; Romênia — 10 horas." Em dezembro de 1991, a União Soviética foi dissolvida e quatorze países declararam independência.

Surpreendentemente, o comunismo foi abolido de forma pacífica. No momento em que as pessoas perceberam que os tanques soviéticos não as esmagariam se protestassem, elas mesmas desmantelaram o comunismo. A exceção foi a Romênia, onde multidões vaiaram o ditador Nicolae Ceaușescu durante um comício e as forças de segurança atiraram nos manifestantes até a manhã seguinte, quando os militares mudaram de lado e enviaram seus tanques contra o Comitê Central. Ceaușescu foi executado dias depois.

Muitos ditadores anticomunistas apoiados pelos Estados Unidos perceberam que a paciência com o autoritarismo estava chegando ao fim. Em 1989, o Brasil realizou a primeira eleição para presidente por voto popular desde o golpe militar de 1964. Após uma eleição presidencial fraudulenta no México em 1988, quando os computadores "quebraram" no momento em que o candidato da oposição estava prestes a vencer, as reformas políticas e eleitorais colocaram o país no caminho da democracia. Em 1990, o ditador

LIBERDADE

do Chile, Augusto Pinochet, teve de deixar o poder, após perder um plebiscito em 1988. No mesmo ano, a África do Sul começou a desmantelar o sistema de apartheid. Países como Taiwan e Coreia do Sul iniciaram sérias transições que transformaram as ditaduras em democracias estáveis.

A democracia não venceu em toda parte. Na China, centenas de manifestantes pró-democracia reunidos na Praça da Paz Celestial foram assassinados no mesmo dia em que os poloneses esmagavam o comunismo nas urnas. Na Rússia, um caótico experimento democrático dos anos 1990 foi encerrado pelo cada vez mais autoritário presidente Vladimir Putin. Atualmente, estamos desapontados em ver que a onda democrática não avançou, que a China ainda é uma ditadura e a Rússia voltou ao despotismo. Mas isso se dá porque os eventos entre 1989 e 1990 elevaram tanto as esperanças e ambições que sempre foi difícil ver como elas poderiam ser colocadas em prática. Mesmo assim, fizemos grandes progressos desde então. Em 1990 — *após* a Revolução de 1989 — havia 76 democracias eleitorais no mundo: 46% de todos os países. Em 2015, 125 democracias eleitorais: 63% de todos os países.[14]

A democracia não triunfou em todo o mundo, longe disso. Mas aprendemos que ela não é impossível em todo o mundo. Olhando para as ditaduras na Espanha, em Portugal, na América Latina e nas Filipinas nos anos 1970, era fácil presumir que democracia e catolicismo não eram compatíveis. Há 25 anos, muitos afirmavam que os "valores asiáticos" a tornavam improvável nesse continente, mas países como Taiwan, Coreia do Sul e Indonésia provaram que estavam errados. Igualmente, a democracia nunca pareceu provável na pobre e conflituosa África. Nem um único país africano viu uma transferência pacífica de poder nas urnas nos anos 1960 e 1970 e apenas uma na década de 1980. Então, nos anos 1990, doze países realizaram eleições pacíficas. Poucas pessoas achavam que seria possível abolir pacificamente o apartheid, mas, em 1994, Nelson Mandela foi eleito presidente da África do Sul. Desde 1990, mais de trinta governos e presidentes africanos foram retirados do poder através do voto.

Em 1959, o sociólogo político Seymour Martin Lipset argumentou que um importante fator que contribui para a democratização é o aumento da riqueza. Segundo ele, o desenvolvimento consolida a democracia, pois eleva os níveis de educação e alfabetização, reduz a pobreza e constrói uma classe média. Essa classe média em ascensão energiza a sociedade civil e demanda certas liberdades. Muitos argumentaram contra a hipótese de Lipset indicando exemplos de democracias pobres, como a Índia, e Estados autoritários ricos, como Cingapura. Mas, mesmo que haja exceções, toneladas de estudos e dados transversais e temporais de muitos países e anos revelam uma correlação muito intensa entre riqueza e democracia.

Um estudo clássico descobriu que "o nível de desenvolvimento econômico, medido pela renda *per capita*, é de longe o melhor prognosticador de regimes políticos".[15] Não é que o desenvolvimento econômico resulte diretamente em democratização, mas, quando um regime muda por qualquer razão — morte do ditador, protestos populares ou qualquer outra coisa —, a democracia tem bem mais probabilidade de sobreviver em um país razoavelmente rico. Com um PIB *per capita* abaixo de 1.500 dólares anuais, há um risco muito maior de que uma nova democracia fracasse.

Mas, quando a renda cresce, as chances de que a democracia sobreviva aumentam enormemente. De fato, o estudo revelou que uma democracia jamais morreu em um país com renda *per capita* superior à da Argentina em 1975 — cerca de 8 mil dólares.[16] Essa pode ser uma das razões para as esperanças na Primavera Árabe terem sido frustradas quando novos autocratas ou a guerra civil substituíram os antigos ditadores: esses países estavam em um nível muito mais baixo de prosperidade quando a transição foi tentada.

LIBERDADE

Também aprendemos que os movimentos populares pacíficos contra as ditaduras têm melhores chances de sucesso na mudança democrática que as revoluções violentas, como as que vimos durante a Primavera Árabe. Se a mudança tiver apoio interno, daqueles que contam com a confiança do establishment e dos militares, como na Espanha em 1975 e na África do Sul em 1988, a transição é mais suave. Mas, mesmo que não seja benéfico destruir todas as instituições e purgar cada apoiador do antigo regime, a velha guarda precisa ser removida. O problema em países como Rússia, Egito e Tailândia é que o antigo regime permaneceu no poder, em uma espécie de "Estado profundo", e está sempre pronto para voltar ao poder quando sente que as mudanças ameaçam seus interesses fundamentais.

Também devemos lembrar que, apenas porque muitas pessoas votam em uma música, isso não significa que ela seja a melhor. Governos com apoio majoritário também podem oprimir o povo. Se uma população possui opiniões profundamente antiliberais, dar-lhe poder pode resultar em mais opressão, e não menos. Oitenta e oito por cento dos egípcios favorecem a pena de morte para pessoas que abandonam a religião muçulmana e 60% dos afegãos acham que os familiares têm o direito de matar uma mulher que pratique sexo pré-marital ou cometa adultério.[17] Qual a utilidade da democracia em um país no qual a opinião majoritária é brutalmente opressora?

A participação política ampliada às vezes conduz a tais democracias não liberais. No século XIX, frequentemente resultou em governos autoritários em países com tradição de poder centralizado, como Prússia e França. Em contrapartida, acomodou-se sem sobressaltos e resultou em sociedades abertas e dinâmicas em lugares como Inglaterra e Escandinávia, que tinha uma tradição de descentralização, com governos locais e conselhos.

Essa é uma das razões pelas quais a Primavera Árabe fracassou. Os países afetados ainda não haviam desenvolvido uma sociedade civil vivaz, com centros independentes de poder. Os tiranos que governaram por décadas fizeram tudo o que puderam para suprimir a mídia independente, os tribunais e as organizações. Consequentemente, não havia blocos de construção com os quais erigir uma sociedade aberta. Muitos cidadãos se viram tropeçando em busca de proteção contra o caos e a imprevisibilidade, voltando-se para os radicais islâmicos ou novos tiranos, ambos lutando pelo controle total.

Isso nos diz algo importante sobre a democracia na tradição liberal do Ocidente. Como observou o filósofo Karl Popper, a ideia central da democracia liberal não é a de que a maioria tem o direito de governar a minoria, mas a de que o poder governamental é perigoso e, por isso, deve ser sempre controlado. Um dos meios de controle é o popular. A democracia não é uma maneira de santificar a opinião majoritária, qualquer que seja, mas um modo de limitar o dano que qualquer grupo pode causar a outros, precisando ser combinada ao Estado de direito, aos direitos das minorias e a instituições civis fortes. A democracia não está aqui para nos levar ao paraíso, mas para nos manter longe do inferno.

Na maioria dos casos, a democracia se desenvolveu em uníssono com o Estado de direito e o respeito pelos direitos individuais. A Freedom House mensura tanto os direitos políticos quanto as liberdades civis em todo o mundo, baseada em 25 indicadores. De acordo com esse padrão, em 1973 havia 69 países "não livres", 38 "parcialmente livres" e não mais que 43 países verdadeiramente "livres". Em 2015, o número de países "não livres" caiu para 51 e o de "parcialmente livres" para 55. O número de países "livres" quase dobrou, chegando a 89. A proporção de países considerados "livres" subiu de 29% para 46% desde 1973, ao passo que os países "não livres" decresceram de 46% para 26%.[18]

Um aspecto importante da liberdade é a ausência de censura e controle político sobre a informação. A proporção de países "livres"

LIBERDADE

na categoria "liberdade de imprensa" subiu de 23% para 32% de 1984 a 2014, mas a principal mudança foi que muitos países "não livres" se tornaram "parcialmente livres". A proporção de "não livres" caiu de 57% para 32%.[19]

Outra maneira de mensurar a liberdade individual é analisar a Liberdade Econômica do Mundo, uma pesquisa anual feita pelo Instituto Fraser, do Canadá. Ela mede a liberdade econômica no sentido mais amplo — estado de direito, tribunais imparciais, tamanho do governo e os direitos das pessoas de possuírem propriedades, fundarem empresas e negociarem livremente. A média global subiu de 5,3 para 6,9 em uma escala de dez pontos entre 1980 e 2013. Ela se moveu de onde estava a Índia em 1980, antes das reformas, para onde estava Taiwan em 1980, após a liberalização da economia. Se a média global de 1980 correspondesse a um país de hoje, ele seria a 150ª economia mais livre do mundo, entre as 157 avaliadas, logo atrás do Zimbábue.[20]

Embora ainda tenhamos alguns poucos governos totalitários clássicos no mundo, que tentam controlar cada aspecto da vida das pessoas, como o da Coreia do Norte, eles são muito mais raros. Com uma população mais alfabetizada, que sabe como vivem as pessoas em outros países, isso exige uma forma de opressão brutal demais para ser praticável e, nas últimas décadas, a maioria das ditaduras deu a seus cidadãos mais liberdade em suas vidas cotidianas. A China ainda tem um regime que trata os críticos com dureza, mas não há comparação com a China de Mao, na qual as pessoas pertenciam a uma unidade de trabalho governamental que decidia o que podiam fazer e mesmo com quem deveriam se casar ou de quem se divorciar. Na época, até mesmo a escolha do que vestir podia gerar problemas junto ao governo.

O povo chinês de hoje pode se mudar para quase qualquer lugar, comprar uma casa, escolher uma instrução, conseguir um emprego,

PROGRESSO

começar um negócio, pertencer a uma religião (desde que seja budista, taoista, muçulmana, católica ou protestante), vestir-se como quiser, casar-se com quem quiser, ser abertamente gay sem terminar em um campo de trabalho forçado, viajar para o exterior e mesmo criticar certos aspectos da política do Partido (embora não seu direito de governar sem oposição). Mesmo o "não livre" já não é o que costumava ser.

Em 1991, o economista e vencedor do prêmio Nobel Milton Friedman queria terminar um discurso com uma nota otimista. Ele mencionou que, duzentos anos antes, um jornal londrino explicara que 742 milhões de pessoas viviam sob governos arbitrários e somente 33,5 milhões de pessoas habitavam países razoavelmente livres. Isso significava que os escravos superavam os homens livres em 23 para 1. Quando Friedman falou, atualizou esses números após analisar as estimativas da Freedom House. Ele disse que os "não livres" ainda superavam os "livres", mas a proporção caíra para cerca de 3 para 1: "Ainda estamos muito longe de nosso objetivo, um mundo completamente livre, mas, em uma escala de tempo histórica, foi um progresso incrível. Aconteceu mais nos últimos dois séculos que nos dois milênios anteriores."[21]

Desde o discurso de Friedman, essa taxa caiu novamente. Quarenta por cento da população mundial agora vive em países livres, de acordo com a Freedom House, e outros 24% vivem em países parcialmente livres, incluindo países relativamente liberais como o México e a Nigéria. Isso significa mais progresso em *duas décadas* que nos dois milênios anteriores.[22]

9

Igualdade

> Conforme o homem avança em civilização e as pequenas tribos se unem em comunidades maiores, a razão mais simples dirá a cada indivíduo que deve estender seus instintos e simpatias sociais a todos os membros da mesma nação, ainda que não os conheça pessoalmente. Depois de atingido esse ponto, há apenas uma barreira artificial a impedir que as simpatias se estendam a todos os homens, de todas as raças e nações.
>
> Charles Darwin[1]

Minorias étnicas

O fato de um país ser uma democracia não significa que garanta os direitos individuais de todos os seus cidadãos, independentemente de etnia, religião, gênero e orientação sexual. Após vencer a Segunda Guerra Mundial contra a brutal forma de racismo dos nazistas, as democracias aliadas mostraram quantos problemas ainda permaneciam entre elas. Quando o general De Gaulle quis que as tropas francesas liderassem a libertação de Paris, em 25 de agosto de 1944,

PROGRESSO

os comandantes americanos e ingleses aceitaram, com a condição de que nenhuma tropa colonial negra fosse incluída, embora elas representassem dois terços das forças dos Franceses Livres.

O racismo tem sido parte natural da mentalidade da maioria das pessoas desde os tempos antigos, e a hostilidade (e mesmo a escravização) em relação a outros grupos étnicos era uma ocorrência regular. A história é um longo registro de ódio contra as pessoas consideradas inferiores. Os pogroms antissemitas varreram os países europeus durante séculos. No século XIV, os judeus foram culpados pela peste e massacrados em muitos lugares. Quando a Espanha emergiu como país cristão unificado em 1492, a primeira coisa que os novos governantes fizeram foi expulsar todos os judeus que se recusaram a se converter. Dez anos depois, os muçulmanos espanhóis foram forçados a escolher entre a conversão e o exílio. Cem anos depois, os descendentes dos que não se converteram foram expulsos.

No século XVI, centenas de milhares de protestantes foram massacrados na França durante as guerras religiosas. A Europa do século XVII foi dominada pela Guerra dos Trinta Anos, na qual diferentes denominações religiosas lutaram pelo direito de se impor sobre as outras. Mesmo os pioneiros da tolerância religiosa achavam que ela não podia se estender a católicos, protestantes ou ateus. Houve centenas de revoltas letais contra os católicos na Inglaterra durante os séculos XVII e XVIII. Árabes, europeus e americanos escravizaram milhões e os colonialistas se apropriaram do direito de governar, escravizar e roubar de outros povos. Quando a escravidão foi abolida nos Estados Unidos, foi substituída pelas leis Jim Crow, que impunham a discriminação contra afro-americanos.

Os Estados Unidos experimentaram revoltas mortíferas contra quase toda minoria étnica e religiosa, incluindo as seitas católicas, judaicas e protestantes e os imigrantes alemães, italianos e irlandeses. No fim do século XIX, houve mais de 150 linchamentos de afro-americanos por

IGUALDADE

ano. Quando atitudes mais humanitárias começaram a se estabelecer, a violência étnica foi reduzida. Os tumultos letais começaram a declinar na Europa em meados do século XIX e os linchamentos nos Estados Unidos, no fim do século XIX e início do século XX. Eles tiveram fim, com exceção de casos isolados, nos anos 1940 e 1950.

Mas o racismo permaneceu parte central da visão de mundo de alguns dos mais admirados e "progressistas" estadistas modernos. O presidente Theodore Roosevelt afirmava que, em nove entre dez casos, "os únicos índios bons são os índios mortos". O presidente Woodrow Wilson elogiou a Ku Klux Klan, eliminou todos os funcionários negros do governo e tornou a segregar instalações como cafeterias e banheiros. Para separar os funcionários brancos dos negros, alguns escritórios federais usavam biombos. O jovem Winston Churchill via as guerras coloniais como guerras da "raça ariana" contra os "povos bárbaros", disse "odeio indianos" e foi "fortemente favorável ao uso de gás venenoso contra as tribos não civilizadas".[2] O presidente Franklin Delano Roosevelt, cujos indicados à Suprema Corte e ao cargo de vice-presidente, em 1944, eram ambos antigos membros da Ku Klux Klan, internou mais de 100 mil nipo-americanos em campos de concentração, apenas porque partilhavam a mesma etnia do inimigo.

A evolução nos deu a óbvia tendência de sermos amáveis e promovermos os interesses de nossos parentescos genéticos, mas também a de suspeitarmos e mesmo sermos hostis e agressivos com aqueles que pertencem a outras famílias e tribos, e frequentemente esses instintos se manifestam quando identificamos um grupo particular como diferente do nosso. Não obstante, o historiador irlandês do século XIX William E. H. Lecky sugeriu que os avanços da civilização e da alfabetização nos fazem expandir o círculo daqueles cujos interesses levamos em consideração: "Inicialmente, as afeições benevolentes incluem meramente a família; em breve, o círculo se expande para incluir primeiro uma classe, uma nação, uma coalizão de nações e então toda

165

a humanidade; e, finalmente, sua influência é sentida nas relações do homem com o mundo animal."[3]

O historiador americano da ciência Michael Shermer fala sobre o princípio das perspectivas intercambiáveis: nossa habilidade de descobrir como os outros pensam, sentem e são afetados por nosso comportamento, e nosso interesse em argumentar não apenas declarando que "Estou certo porque eu sou eu", mas apelando para a razão e para dados empíricos que se aplicam a todos. Ele defende que foi necessário certo grau de pensamento científico para disseminar essas considerações. Mudar de posição e se colocar no lugar de alguém é uma abstração mental muito complexa. A empatia requer contemplação. E os primeiros argumentos em favor da tolerância vieram de pensadores iluministas como John Locke, que escreveu, em 1689, que "nem pagãos nem maometanos ou judeus deveriam ser excluídos dos direitos civis da comunidade por causa de sua religião".[4]

É fato estabelecido nas pesquisas sobre inteligência que, na média, a humanidade está ficando melhor na resolução de problemas abstratos. Esse fenômeno é conhecido como efeito Flynn, em homenagem a seu descobridor, James Flynn, que ilustrou a velocidade da mudança em três gerações. Quando sua geração fez um teste de QI após a Segunda Guerra Mundial, o resultado médio foi de 100 pontos. Quando a geração de seus filhos fez o mesmo teste em 1972, o resultado médio foi de 108 pontos. Quando a geração de seus netos o fez em 2002, o resultado médio foi de 118 pontos.[5] Essa tendência parece ser verdadeira para todas as culturas com educação moderna e melhorada e mídia de massa desenvolvida. Curiosamente, as partes dos testes de QI nas quais nos saímos melhor são as mais abstratas, nas quais descobrimos padrões e resolvemos novos problemas.

O psicólogo e cientista cognitivo Steven Pinker falou sobre um "efeito Flynn moral", no qual nossa crescente habilidade de abstrair as particularidades concretas de nossa experiência imediata torna possível assimilar a perspectiva dos outros. Um exemplo é como Flynn e seu irmão tentaram fazer com que o pai abrisse mão dos preconceitos raciais usando um experimento mental. Eles perguntaram: "E se você acordasse uma manhã e descobrisse que sua pele ficou negra? Você seria menos humano?" O pai gritou em resposta: "Essa é a coisa mais estúpida que já me disseram. Quem já ouviu falar da pele de um homem ficando negra da noite para o dia?" Ele não era estúpido, mas estava preso a uma maneira concreta de pensar que não tinha lugar para mundos hipotéticos, nos quais exploramos consequências e repensamos compromissos morais.[6]

Fatores adicionais por trás da maior tolerância são os mercados abertos e o aumento da riqueza. Como observou Voltaire, na Royal Exchange de Londres, judeus, muçulmanos e cristãos negociavam e confiavam uns nos outros e chamavam de infiéis apenas os falidos. Adam Smith e os economistas clássicos demonstraram que a economia não tem de ser um jogo de soma zero. Se todas as transações são voluntárias, nenhuma é feita a menos que ambos os lados acreditem que irão se beneficiar. Em uma transação comercial, estrangeiros e minorias étnicas e religiosas não são necessariamente nossos inimigos, uma vez que não temos de lutar contra eles ou discriminá-los para nos proteger.

Ninguém menos que Karl Marx e Friedrich Engels afirmaram, no *Manifesto comunista*, que os mercados e o livre comércio, "para grande pesar dos revolucionários", destruíram os laços feudais e os sentimentos nacionalistas:

> Todas as relações fixas, cristalizadas, com sua carga de antigos e veneráveis preconceitos e opiniões, são varridas; todas as novas se tornam antiquadas antes de terem tempo de ossificar. Tudo que é sólido se desmancha no ar, tudo que era sagrado é profanado e o homem finalmente é compelido a encarar, com sentidos sóbrios, suas reais condições de vida e suas relações com seus semelhantes.[7]

PROGRESSO

Pesquisas históricas realizadas pelo economista de Harvard Benjamin Friedman demonstraram que períodos de progresso econômico nos Estados Unidos e na Europa geralmente conduziram a tolerância, abertura e direitos iguais, parcialmente porque a maioria não sentia que os outros grupos tinham de ser detidos para que ela progredisse. Ao mesmo tempo, períodos de crescimento lento levaram a intolerância, discriminação e racismo, uma vez que, em épocas de recursos limitados, o sucesso de cada grupo é visto como ameaça à posição dos demais.[8]

O cientista político Ronald Inglehart concluiu algo similar de suas décadas de pesquisa sobre as mudanças nos valores globais:

> Indivíduos sob grande estresse precisam de regras rígidas e previsíveis. Precisam ter certeza do que vai acontecer porque estão em perigo — sua margem de erro é estreita e eles precisam da máxima previsibilidade possível. Os pós-materialistas personificam a percepção oposta: criados em condições de relativa segurança, podem tolerar mais ambiguidade; é menos provável que precisem da segurança das regras rígidas e absolutas fornecidas pelas sanções religiosas. Os custos psicológicos de se desviar das normas com as quais se cresceu são mais altos para as pessoas sob estresse que para aquelas que se sentem seguras.[9]

Provavelmente não foi por coincidência que o movimento afro-americano pelos direitos civis obteve sucesso nos Estados Unidos nos anos 1960. Mais de duas décadas de rápido crescimento econômico haviam dado uma vida melhor às pessoas. A expectativa de vida média aumentara em trinta anos desde 1990 e a taxa de alfabetização crescera de 55% para um pouco menos de 90%. Em apenas vinte anos, a taxa de pobreza entre afro-americanos caíra de 75% para 40%. Atletas e músicos negros passaram a ser figuras importantes da cultura popular.[10]

IGUALDADE

Esse progresso fez com que a segregação imposta pelo governo e a destituição de direitos civis imposta aos negros pelos estados do sul após o fim da escravidão parecessem ainda mais anacrônicas e insuportáveis. O apartheid americano foi assim descrito:

> As raças eram estritamente separadas pela lei em táxis, ônibus, ferrovias, escolas, salas de espera, restaurantes, hotéis, colégios internos, teatros, cemitérios, parques, salas de audiência, banheiros públicos, bebedouros e todos os outros espaços públicos. A mania de separação chegou a tal ponto que Oklahoma exigiu cabines telefônicas separadas para as duas raças; a Flórida e a Carolina do Norte tornaram ilegal entregar a estudantes brancos livros que haviam sido utilizados por estudantes negros. Macon County, na Geórgia, ganhou o prêmio de maior absurdo ao debater seriamente a proposta de manter dois conjuntos de ruas públicas, uma para cada raça, e rejeitar a ideia apenas por causa do custo proibitivo.[11]

Alguns passos já haviam sido dados pelo governo. O presidente Truman dessegregara as Forças Armadas e pusera fim à discriminação no funcionalismo federal. Em 1954, a Suprema Corte dessegregou as escolas públicas e, quando o governador do Arkansas chamou a Guarda Nacional para impedir que a Little Rock Central High School aceitasse nove estudantes negros, o presidente Eisenhower enviou tropas federais, a fim de proteger os estudantes.

Mas os maiores passos na direção da igualdade racial foram dados pelo próprio movimento afro-americano de direitos civis. Em 1º de dezembro de 1955, Rosa Parks, de 42 anos, recusou-se a sentar nos fundos do ônibus em Montgomery, Alabama, no lugar que a lei reservava para os afro-americanos. Ela disse que estava cansada após um longo dia. A polícia a levou para a prisão.

Um grupo de líderes comunitários afro-americanos protestou, organizando um boicote aos ônibus. Eles escolheram Martin Luther

King Jr., de 26 anos, um ministro batista com o dom da oratória, como seu porta-voz. Ele recebeu ordens de pagar uma multa, por desafiar a lei antiboicote do estado. Mas isso não o deteve. Ele seria preso quatorze vezes, seria esfaqueado e veria sua casa ser bombardeada e alvejada com espingardas, assim como um hotel no qual se hospedou. Mesmo passando por tudo isso, levou em frente uma campanha de desobediência civil pacífica, inspirada por Henry David Thoreau e Mahatma Gandhi, e explicou que os Estados Unidos haviam sido fundados sobre o ideal jeffersoniano de que todos os homens eram iguais, com os mesmos direitos inalienáveis, e isso devia incluir os negros. No fim, seria assassinado.

A calma do movimento e seus dignos protestos, levados a todas as salas de estar americanas graças a uma novidade, a televisão, expôs a brutalidade dos prefeitos e xerifes do sul que ordenavam ataques contra os manifestantes e olhavam para o outro lado quando a Ku Klux Klan os agredia. A atenção que o movimento de direitos civis deu a essas questões resultou em vitórias. Em junho de 1956, um tribunal federal decretou o fim da segregação nos ônibus, em 1964 o presidente Lyndon Johnson assinou a Lei de Direitos Civis banindo a segregação e em 1956 a Lei de Direito ao Voto pôs fim aos implacáveis métodos que os estados sulistas empregavam para impedir os afro-americanos de votar.

Atitudes diferentes foram tanto causa quanto efeito dessa mudança. No fim dos anos 1950, somente 5% dos americanos brancos aprovavam o casamento inter-racial. Em 2008, quase 80% o faziam. Nos anos 1940, entre 60% e 70% dos americanos brancos achavam que estudantes brancos e negros deviam frequentar escolas separadas e, já em 1960, quase metade dos americanos brancos disse que se mudaria se uma família negra passasse a morar na casa ao lado. Atualmente, quase ninguém concorda com isso.[12]

Uma das mais amplas mudanças ideológicas das últimas décadas foi a aceitação dos relacionamentos inter-raciais. Em 1987, somente

IGUALDADE

48% dos americanos achavam que "é normal brancos e negros namorarem" e 46% discordavam. Em 2012, a aprovação pública chegou a 86%. Nesse caso, há uma grande distância geracional. Somente 68% daqueles com mais de 60 anos aprovam, mas 95% daqueles entre 18 e 29 anos o fazem.[13]

Infelizmente, a democracia nem sempre gera tolerância, pois os grupos majoritários frequentemente usam seu poder político para discriminar as minorias. E, em alguns países pobres, se os preconceitos forem disseminados, a discriminação poderá aumentar após a democratização. Em contrapartida, prosperidade, educação e debates francos fazem a diferença. Nos Estados Unidos, o declínio da discriminação começou com a descolonização e com o sucesso do movimento dos direitos civis, em meados dos anos 1960. Isso inspirou uma tendência similar em outras democracias prósperas, nas quais as minorias começaram a exigir seus direitos.

Os cientistas políticos Victor Asal e Amy Pate analisaram a discriminação contra 337 minorias éticas em 124 países desde 1950 e concluíram que o último meio século viu uma melhoria significativa em seu tratamento, com atitudes respeitosas se tornando a "norma global". Em 1950, 44% dos Estados tinham políticas discriminatórias contra ao menos um grupo étnico. Em 2003, esse número caiu para 25%. Em 1950, 32% tinham políticas econômicas discriminatórias em vigor. Em 2003, esse número caiu para 14%. Asal e Pate concluíram que "Embora haja importantes diferenças regionais, por toda parte o peso da discriminação oficializada diminuiu. Essa tendência, que começou nas democracias ocidentais no fim dos anos 1960, chegou a todas as partes do mundo na década de 1990".[14]

Crimes de ódio ainda são comuns. Após ataques terroristas islâmicos como o de 11 de setembro de 2001, muitos muçulmanos e mesquitas em países ocidentais foram perseguidos e atacados. Mas, historicamente, o mais notável é que nunca vimos o tipo de ataques amplos a muçulmanos que, em outras eras, poderiam ser sancionados e mesmo apoiados pela maioria da sociedade e suas autoridades. Os crimes de ódio agora são ativamente combatidos em todos os países desenvolvidos.

Levou muito tempo para chegarmos a esse ponto, mas, uma vez que o círculo de tolerância e respeito tenha se expandido, é difícil encolhê-lo novamente. Quando você começa a pensar em católicos ou africanos acima de tudo como seres humanos com direitos individuais, é difícil reconstruir a visão não liberal. Ainda é possível, como ficou claro com o Holocausto, que ocorreu em um dos mais ricos e bem instruídos países do mundo há menos de um século. Embora a abertura, a prosperidade e a sensação de segurança contribuam para uma atitude de tolerância e respeito, sua reversão pode resultar em novas hostilidades e conflitos. Infelizmente, um senso de ameaça imediata e a demonização de outros grupos podem ativar nosso instinto evolucionário de buscar segurança em nosso próprio grupo e fazer com que nos comportemos de forma agressiva em relação aos que não pertencem a ele.

Direitos das mulheres

Durante a maior parte da história registrada, as mulheres foram, em maior ou menor grau, propriedade dos pais, até que se casassem e se tornassem propriedade dos maridos, como simbolizado pela cerimônia na qual o pai entrega a noiva nas mãos do noivo. As mulheres não tinham o direito de votar, possuir propriedades, controlar seus próprios corpos, receber educação ou trabalhar fora de casa. Podiam inclusive ser compradas e vendidas, como gado.

Esse é o outro lado da hostilidade contra estranhos: a antiga tentativa do homem de controlar o que considera seu. Em quase todas as sociedades, os homens tentaram controlar a sexualidade das mulheres em idade reprodutiva com véus, damas de companhia, *purdah*, enfai-

IGUALDADE

xamento dos pés e aprisionamento. As mulheres foram forçadas a usar cinto de castidade e sofrer mutilação genital. Foram prometidas como noivas sem ser consultadas. Na Idade Média, a Igreja cristã santificou compromissos com meninas de 7 anos. Na China e em Taiwan, até depois da Segunda Guerra Mundial, os pais podiam comprar meninas para serem noivas de seus filhos e educá-las para o papel.

Essa psicologia proprietária masculina se reflete na visão do adultério, que, em quase todas as culturas, foi definido em termos do status marital da mulher, pois era considerado uma violação dos direitos de propriedade. A infidelidade da mulher quase sempre era justificativa para divórcio, mas raramente a do marido. E um homem que matasse após ter descoberto o adultério da esposa merecia pena reduzida, não apenas no direito consuetudinário anglo-americano, mas também, por exemplo, nas leis dos nativos americanos, europeus, orientais, africanos e melanésios. Até a segunda metade do século XX, a lei anglo-americana permitia que o marido confinasse a mulher contra a vontade e a violentasse a seu bel-prazer. Os familiares que protegiam uma mulher que saísse de casa podiam ser acusados de abrigar uma esposa fugitiva.[15]

O iluminismo começou a mudar as atitudes em relação às mulheres e, pela primeira vez, defendeu sistematicamente seus direitos. Pensadores como Helvétius e Condorcet defenderam os direitos femininos. Eles atacaram a ideia de que as diferenças observadas na forma de pensar e no comportamento de ambos os gêneros eram inatas e argumentaram que eram o resultado óbvio da discriminação. Como observou Herbert Spencer, se a inferioridade mental média fosse argumento para privar as mulheres de liberdade, então as mulheres com habilidade maior que a dos homens médios deveriam ter mais direitos que ele.

Já nos anos 1780, o filósofo utilitário inglês Jeremy Bentham defendeu a liberdade individual das mulheres, incluindo o direito de votar, baseado na ideia de que possuíam interesses próprios, dos quais eram os melhores juízes. Ele achava que os casamentos arranjados equivaliam à escravidão e argumentou a favor do direito feminino ao divórcio. Uma das realizações duradouras de Bentham foi seu efeito sobre seu discípulo John Stuart Mill, que influenciaria ainda mais o debate sobre os direitos das mulheres.

A escritora inglesa Mary Wollstonecraft foi uma das primeiras a propor total igualdade para as mulheres, incluindo direito a voto, carreira e propriedade. Ela praticava o que pregava e trabalhou como escritora profissional sem um benfeitor aristocrata, o que era muito incomum para uma mulher.

Seu livro, *Reivindicação dos direitos das mulheres*, de 1792, foi um dos primeiros tratados feministas. Ela exigia que as mulheres recebessem educação, a fim de desenvolverem suas faculdades, educarem os filhos e serem reais parceiras de seus maridos, e não meros objetos de diversão. A discriminação não impedia o avanço somente das mulheres, mas da própria civilização: "Ensinadas desde a infância de que a beleza é o cetro da mulher, a mente se molda ao corpo e, perambulando por sua gaiola dourada, busca apenas adornar sua prisão."[16]

Em meados do século XVIII, o mundo ocidental experimentou uma explosão literária e as pessoas começaram a ler romances, com a história se desenrolando nas palavras de um personagem, de modo que o leitor podia ouvir seu lado e entender seus pensamentos, emoções, sofrimentos e alegrias. Best-sellers de Rousseau e Samuel Richardson tinham protagonistas femininas, e leitores masculinos de todos os lugares começaram a imaginar como era a vida de uma mulher, da alegria do amor aos horrores dos casamentos arranjados. Mais tarde, Charles Dickens explicou como eram os orfanatos e asilos ingleses vistos da perspectiva de uma criança, Herman Melville contou ao leitor como era ser um marujo prestes a ser chicoteado e *A cabana do Pai Tomás* forçou muitos a enfrentarem as realidades humanas da escravidão. Talvez os romances tenham tornado mais fácil para

IGUALDADE

as pessoas se colocarem no lugar de outras e sentirem empatia por elas, mesmo as pertencentes a outro gênero, classe e etnia, e, como consequência, passarem a ser mais solidárias umas com as outras.

Um círculo virtuoso começou a romper barreiras durante o século XIX. Um movimento em favor dos direitos das mulheres começou a criar oportunidades educacionais e profissionais. Isso, por sua vez, fez com que as pessoas vissem que as mulheres frequentemente eram tão capazes quanto os homens, o que reforçou a opinião de que deveriam ser tratadas com igualdade. Ao mesmo tempo, ter acesso a mais recursos intelectuais e financeiros deu às mulheres uma voz mais ativa em sua luta.

Frequentemente, os defensores dos direitos das mulheres se inspiravam na batalha por outras liberdades. Muitos argumentavam que a situação das mulheres era análoga à dos escravos, pois elas eram tratadas como propriedade. Cidadãs sem liberdade, também conheciam limitações semelhantes. Em 1840, Elizabeth Cady Stanton e Lucretia Mott saíram dos Estados Unidos para participar como delegadas na Convenção Mundial contra a Escravidão, em Londres, mas descobriram que não eram bem-vindas pelos líderes masculinos. Alguns disseram que a participação feminina na política não era cristã e ia contra os costumes ingleses. Após algum debate, pioneiros dos direitos humanos na convenção disseram a elas que precisariam se sentar em uma seção separada, atrás de uma cortina, de onde poderiam ouvir, mas não falar.

Naquela noite, enquanto Mott e Stanton caminhavam pela Great Queen Street, elas concordaram que a emancipação feminina precisava de uma defesa mais institucionalizada. Um dos resultados dessa conversa foi a primeira convenção dos direitos femininos, em Seneca Falls, Nova York, em 1848, com trezentos participantes. A convenção ratificou a Declaração de Sentimentos, inspirada na Declaração da Independência. Ela incluía uma lista das exigências centrais da luta feminista. O documento se manifestava contra o fato de as mulheres estarem sujeitas aos maridos e privadas do direito ao voto, à propriedade, à educação e a muitos empregos. A exigência de direito ao voto fora contestada, mas o orador abolicionista Frederick Douglass, que participava da convenção e argumentou furiosamente, convenceu os participantes a incluí-la.

Nessa época, somente os estados mais progressistas permitiam que mulheres detivessem títulos e gerenciassem propriedades em caso de incapacidade dos maridos. No ano seguinte, a legislatura do Tennessee alegou que mulheres casadas não deveriam possuir propriedade porque não tinham almas independentes. As ideias da convenção incitaram ampla controvérsia. De acordo com um artigo do *Oneida Whig*: "Esse foi o incidente mais chocante e anômalo já registrado na história das mulheres. Se nossas damas insistem em votar e legislar, onde, cavalheiros, ficarão nossos jantares e nossos cotovelos, nossas lareiras e os buracos em nossas meias?"[17]

A Suécia foi pioneira no que diz respeito a direitos femininos, de modo que o cronograma de suas reformas revela o tempo necessário para que todo o mundo ocidental se aproximasse da igualdade. Foi somente em 1845 que filhos e filhas tiveram direitos iguais à herança. Em 1846, as profissões ligadas ao comércio se abriram para as mulheres solteiras e, em 1864, elas receberam os mesmos direitos comerciais dos homens. Em 1853, ganharam o direito de trabalhar como professoras em escolas primárias e, em 1870, a estudar em universidades. Em 1858, as mulheres solteiras receberam direito à maioridade legal, se a solicitassem, mas, embora as mulheres casadas tenham recebido o direito de controlar sua própria renda nos anos 1870, só receberam maioridade legal em 1921. No mesmo ano, as mulheres suecas receberam permissão para votar nas eleições nacionais, em condições iguais, pela primeira vez.

Muitas mulheres corajosas lutaram pelo sufrágio, mas o movimento também tinha uma facção militante. Uma das pioneiras inglesas

IGUALDADE

foi Emmeline Pankhurst, que, ainda criança, ouviu o pai dizer: "Que pena que ela não nasceu homem." Seu grupo iniciou uma campanha de ação direta em 1903. Elas foram presas com frequência e muitas alimentadas à força para interromper suas greves de fome. Suas táticas às vezes violentas atraíram atenção para a causa, mas, de acordo com alguns historiadores, também fizeram com que perdessem apoio. Porém, com o início da Primeira Guerra Mundial, a maioria das sufragistas interrompeu suas atividades e começou a apoiar os esforços de guerra, o que tornou o público mais simpático a sua causa. Quando as mulheres assumiram muitos dos empregos e papéis masculinos tradicionais depois que os homens foram enviados para a frente de batalha, tornou-se óbvio que eram perfeitamente capazes de viver como iguais. Em 1918, as mulheres inglesas receberam direito ao voto, primeiro limitado e, em 1928, integral.

Um desenvolvimento similar ocorreu do outro lado do Atlântico. A décima nona emenda à Constituição, relativa ao sufrágio feminino, estava sendo calorosamente debatida no verão de 1920. Apenas 35 dos 36 estados necessários para transformar a emenda em lei a haviam ratificado. Uma sessão especial no Tennessee era a última esperança. Durante a sessão, os votos estavam empatados em 48 a 48 quando Harry T. Burn, de 24 anos, pronunciou o voto decisivo. Ele deixara claro que se opunha à reforma. Mas, logo antes de votar, recebeu uma carta da mãe, pedindo-lhe que votasse a favor. E assim fez, permitindo que — por um fio de cabelo — o sufrágio feminino chegasse aos Estados Unidos.

Durante a segunda metade do século XX, o movimento feminista no Ocidente, estimulado pelo exemplo do movimento pelos direitos civis, conseguiu abolir as leis remanescentes que tratavam as mulheres como propriedade. As leis de divórcio se tornaram mais igualitárias. Depois de 1973, um marido inglês que confinasse a esposa com uso da força passou a ser considerado sequestrador. E ele já não podia alegar provocação justificável se matasse a mulher adúltera ou seu amante e a família dela já não podia ser acusada de abrigar uma esposa fugitiva.

Por volta dessa época, o estigma em torno dos contraceptivos diminuiu e a invenção da pílula anticoncepcional, nos anos 1960, começou a mudar as atitudes em relação ao sexo pré-marital. O direito ao aborto foi assegurado na Inglaterra em 1967 e nos Estados Unidos em 1973. O movimento pelos direitos reprodutivos é muito recente, como ilustra o caso do estupro matrimonial, que não foi criminalizado em nenhum estado americano até 1976 e só passou a sê-lo na França e na Finlândia em 1994 e na Alemanha em 1997.

Em 1984, o Comitê de Revisão do Direito Criminal na Inglaterra e no País de Gales achou que, se um marido forçasse a mulher a manter relações sexuais, isso poderia "evidenciar uma falha no relacionamento matrimonial. Mas isso está longe de ser a ofensa 'única' e 'grave' descrita anteriormente [ao definir estupro]". E argumentou que a acusação poderia precisar "de uma complicada e pouco edificante investigação da história marital" e "afastar ainda mais os casais em casos nos quais a reconciliação poderia ser possível".[18] No fim, o estupro marital foi criminalizado na Escócia em 1989 e na Inglaterra e no País de Gales apenas em 1991.

Durante o século XX, a liberação das mulheres também se espalhou pela América Latina, Rússia e China. A contracepção deu às mulheres o controle sobre quando e quão frequentemente ter filhos, e elas começaram a ser vistas como parte integral da força de trabalho na maioria dos países. No fim do século, poucos países ainda mantinham a discriminação política como parte de suas leis.

No ano 1900, as mulheres só tinham direito de votar na Nova Zelândia. A França declarou o sufrágio universal em 1944, a Itália em 1946 e a Suíça em 1971. No início de 2015, as mulheres só eram completamente excluídas do processo político na Arábia Saudita e no Vaticano. Naquele ano, puderam votar e se candidatar em eleições municipais sauditas. Foi um primeiro passo, embora as leis misóginas do país evitem que se dirijam a eleitores masculinos, a menos que estejam por trás de uma tela, e não permitem que exibam fotografias. E, é claro, não podem dirigir seus carros até as reuniões ou centros de votação.

Fonte: *The Moral Arc*, Michael Shermer, 2015.

O Índice Global de Desigualdade de Gênero de 2015, cobrindo 142 países, produzido pelo Fórum Econômico Mundial, fornece um vislumbre do quanto avançamos e quanto ainda precisamos avançar. Globalmente, quase 96% da diferença de resultados na saúde para homens e mulheres deixou de existir e 95% da diferença em educação. Mas somente 59% da diferença entre os resultados econômicos e 23% da diferença entre os resultados políticos foram extintas.[19]

PROGRESSO

A influência da riqueza e do desenvolvimento sobre a igualdade pode ser vislumbrada no Índice de Desigualdade de Gêneros, que é como o Programa de Desenvolvimento das Nações Unidas mede a desigualdade entre homens e mulheres em saúde, alfabetização, política e mercado de trabalho. Países com "desenvolvimento humano muito alto" — basicamente, o mundo ocidental — têm um índice de 0,197 (em que 0 significa que homens e mulheres possuem plena igualdade). Em contraposição, países com "desenvolvimento humano alto" apresentam índice de 0,315; os com "desenvolvimento humano médio", 0,513; e aqueles com "desenvolvimento humano baixo" — na maioria, países da África Subsaariana —, 0,587.[20]

Em algumas regiões, muito pouco progresso foi alcançado. Noventa e quatro por cento dos países da América Latina baniram a violência doméstica, 51% dos países da Ásia, 35% dos países da África Subsaariana e 25% dos países árabes. Os números para estupros maritais ainda são chocantes. Ele foi banido em 18% da América Latina, 19% da Ásia, 12,5% da África e nenhum país árabe.[21]

Similarmente, a mutilação genital feminina tem sido praticada há séculos em certos grupos populacionais da África, da Ásia e do Oriente Médio. Hoje, ela é reconhecida como violação dos direitos humanos pela Organização das Nações Unidas e se concentra em 29 países da África. Mas, mesmo lá, está em declínio. Dois terços das mulheres e quase dois terços dos homens nesses países acham que deveria deixar de ser praticada e o risco de que uma menina seja mutilada hoje é um terço do que seria há três décadas. A mutilação está caindo em desfavor mais rapidamente em áreas urbanas e entre os mais abastados. Em países como Gana e Quênia, a prevalência declinou em três quartos em trinta anos. Mas, como a população está crescendo rapidamente nesses 29 países, o número de garotas mutiladas irá crescer, apesar da taxa em declínio. E a prática continua a afetar cerca de 90% da população feminina em Djibuti, no Egito e na Somália.[22]

IGUALDADE

As atitudes em alguns países, em especial nos árabes, ainda são marcadamente misóginas. Em países como Egito, Iraque, Jordânia e Marrocos, entre 80% e 90% concordam integralmente ou em parte com a afirmação "A mulher deve sempre obedecer ao marido". Entre 65% e 80% pensam que os filhos têm mais direito à herança paterna que as filhas.[23] O único conforto é que, até recentemente, essa costumava ser a opinião majoritária em todo o mundo.

As atitudes em relação aos direitos das mulheres se tornam mais progressistas a cada geração. Quando o psicólogo Jean M. Twenge perguntou aos americanos sua opinião sobre o dever da mulher de obedecer ao marido, se sua maior responsabilidade é ser boa esposa e mãe e se possui o mesmo direito de agir e se locomover que um homem, ele descobriu que, hoje, a atitude dos homens é mais feminista que a das mulheres nos anos 1970.[24] Em 1987, somente metade dos americanos achava errado um homem bater na mulher com um cinto ou pedaço de pau. Dez anos depois, 86% dos entrevistados achavam que achavam.[25]

Todo país tem seus heróis da emancipação feminina, alguns menos prováveis que outros. A austro-ucraniana Beate Sirota se mudou com os pais para o Japão em 1929, quando tinha 6 anos. Dez anos depois, foi enviada para a universidade na Califórnia e, por causa da guerra, perdeu o contato com os pais. Ela voltou ao Japão ocupado após a paz, como tradutora do Exército americano, principalmente a fim de se reconectar com a família. Uma das primeiras tarefas do Exército americano era esboçar uma constituição inteiramente nova em apenas sete dias, e Sirota foi chamada a ajudar. Como era a única mulher no subcomitê de direitos civis, seu supervisor achou que ela deveria escrever a seção sobre direitos das mulheres.

Foi quase por acidente, mas ela estava especialmente habilitada para a tarefa. Vivera no Japão e vira como as mulheres eram tratadas como propriedade e tinham de andar atrás dos maridos e ouvira as japonesas se queixarem de serem compradas e vendidas como gado. Assim, com-

181

preendeu que o voto não era suficiente para que as mulheres participassem da sociedade; elas precisavam de direitos iguais, de modo amplo.

Ela também compreendeu que precisava de uma linguagem exata e legalista, para que esses direitos não ficassem expostos a interpretações errôneas ou sabotagem. Assim, requisitou um jipe e foi até as bibliotecas para ver como os direitos das mulheres estavam fraseados em outras constituições. O resultado, após alguns dias de muito pouco sono, foram dois artigos inéditos sobre a igualdade entre os sexos, incluindo os direitos das mulheres de escolherem maridos, obterem o divórcio e possuírem e herdarem propriedades. Por causa de uma jovem empreendedora de 22 anos, os americanos incorporaram uma cláusula de igualdade à constituição japonesa que ainda não tinha equivalente nos Estados Unidos.

Durante muito tempo, Sirota manteve silêncio sobre seu papel nesses artigos. Afinal, o trabalho era secreto e ela temia que sua juventude e seu gênero pudessem ser usados pelos reacionários contra os artigos da constituição. Mas, nos anos 1980, começou a falar sobre isso em público e rapidamente se tornou uma celebridade no Japão. O governo japonês concedeu a ela a Ordem do Tesouro Sagrado por grandes realizações. Sempre que visitava o Japão, as mulheres japonesas se aproximavam e agradeciam, com lágrimas nos olhos, pela revolução que iniciara.

Direitos dos gays

Quando Martin Luther King fez seu discurso "Eu tenho um sonho" em Washington, DC em agosto de 1963, seis homens brancos estavam entre a multidão de 250 mil pessoas, com placas que os identificavam como membros de um obscuro grupo de defesa dos direitos dos gays, a Sociedade de Mattachine. Um deles, Jack Nichols, olhou para a multidão e perguntou: "Por que nós não estamos marchando por nossos direitos?"[26]

IGUALDADE

No início dos anos 1960, atos homossexuais eram ilegais em todos os estados americanos. O correio colocava rastreadores na correspondência de suspeitos de homossexualidade, a fim de reunir evidências contra eles. Os bares gays eram regularmente atacados e aqueles pegos pela polícia não somente eram presos, como seus nomes e endereços podiam aparecer nos jornais. As autoridades exibiam pornografia gay enquanto aplicavam choques elétricos nos homossexuais, para condicioná-los contra ela. Em alguns casos, eles eram enviados a instituições médicas onde podiam ser esterilizados e, às vezes, castrados e lobotomizados.

Durante a Guerra Fria, os homossexuais frequentemente foram vistos como riscos à segurança, porque seu comportamento os tornava mais suscetíveis ao radicalismo político e à chantagem, que poderia obrigá-los a ajudar o inimigo. O raivoso senador anticomunista Joseph McCarthy estava entre aqueles que conectavam comunistas e os assim chamados "chupadores de pau" — mesmo que, é claro, a homossexualidade fosse ilegal na União Soviética. Sob o presidente Eisenhower, centenas de homossexuais foram dispensados do funcionalismo público. Expurgos similares ocorreram no governo inglês. Policiais disfarçados se passavam por gays em locais públicos e prendiam aqueles que mordiam a isca. No fim de 1954, havia 1.069 homens na prisão, na Inglaterra e no País de Gales, por atos homossexuais.[27] Alguém disse que os céus de Chelsea ficaram escuros de fumaça quando as pessoas começaram a queimar suas cartas de amor.

As ações da União Americana pelas Liberdades Civis (ACLU) nos dão algumas indicações do quanto essa minoria estava exposta. Muitos homossexuais procuravam a ACLU em busca de assistência legal após sofrerem discriminação, mas a associação respondia que não havia "nenhum direito constitucional de praticar atos homossexuais" e concordava que eles deveriam ser excluídos de cargos governamentais e das Forças Armadas, pois, ao contrário de raça e religião, a homossexualidade tinha "relevância funcional" para o desempenho profissional.[28] A ícone feminista Betty Friedan achou que as lésbicas poderiam prejudicar o movimento das mulheres e, em 1969, chamou-as de "ameaça lilás".

Após a Segunda Guerra Mundial, muitos dos homossexuais que sobreviveram aos campos de concentração nazistas foram presos novamente, de acordo com a proibição alemã de 1871. O governo da Alemanha Ocidental geralmente pagava reparações àqueles que haviam passado a vida nos campos, mas excluía os homossexuais. Em 1952, o cientista e herói de guerra inglês Alan Turing, que quebrou o código Enigma dos nazistas, foi preso por "atentado violento ao pudor" e teve de aceitar a castração química como alternativa à prisão. Ele cometeu suicídio dois anos depois. Recebeu perdão real póstumo em 2013.

Sempre houve algumas culturas que toleraram os atos homossexuais, como os famosos relacionamentos entre homens e jovens ou escravos na Roma e Grécia antigas, embora essas culturas patriarcais tivessem um tabu contra o sexo entre homens adultos. Muitas outras culturas condenavam todos os atos homossexuais, e a tradição cristã foi notavelmente intolerante, com frequência baseada em passagens da Bíblia nas quais eles são punidos com a morte. Na *Divina comédia* de Dante, do século XIV, ele encontra "sodomitas" no sétimo círculo — em um total de nove — do inferno, onde tinham de correr para sempre sobre areia escaldante. Isso é de fato muito ruim. No segundo círculo, ele encontra heterossexuais que pecaram, o que mostra que falharam somente em mostrar contenção em suas paixões naturais, ao passo que os homossexuais se rebelaram contra a ordem de Deus ao cederem a paixões aberrantes. Eles são encontrados no último anel do sétimo círculo, abaixo dos assassinos.

A Inquisição espanhola apedrejava, castrava e queimava homossexuais e, na França, os ofensores primeiro perdiam os testículos e, se repetissem a ofensa, o pênis. (Na terceira vez, eram queimados.)

IGUALDADE

Na Itália renascentista, atos homossexuais parecem ter sido bastante comuns, mas foi lá que, pela primeira vez, uma organização especial, os "oficiais da noite", foi encarregada de encontrar homossexuais e levá-los a julgamento. O grande jurista inglês do século XVIII William Blackstone observou que o antigo direito inglês exigia que os homossexuais fossem queimados ou enterrados vivos, como faziam os godos. Blackstone defendeu essas punições evocando Sodoma e Gomorra. Mas, pela Lei da Sodomia inglesa de 1533, os atos homossexuais eram punidos com enforcamento.

Os primeiros sinais de mudança de atitude em relação à homossexualidade também surgiram durante o iluminismo. Jeremy Bentham, que defendeu os direitos das mulheres, também escreveu, em 1785, um ensaio sobre a descriminalização da homossexualidade. Ele rejeitou a ideia de que representava uma ameaça para a sociedade e concluiu que era uma ofensa sem vítimas e, por isso, não deveria ser considerada crime grave. O assunto era tão sensível que o ensaio não foi publicado na época, mas mostra como os valores iluministas e as atitudes liberais clássicas facilmente se transformavam em uma defesa da tolerância.

Em 1791, a França revolucionária aboliu todas as leis contra a sodomia e a homossexualidade, que permaneceram legais sob o código criminal napoleônico, embora as pessoas ainda pudessem ser perseguidas pela polícia, sob as leis contra indecência pública. No século XIX, alguns outros países começaram a descriminalizar os atos homossexuais, incluindo a Holanda e o Império Otomano. A Inglaterra executou homossexuais pela última vez em 1835 e a própria pena de morte foi abolida em 1861. A urbanização e a industrialização permitiram que as pessoas escapassem das paróquias e tradições familiares e vivessem relacionamentos menos convencionais. Isso tornou os homossexuais mais visíveis; o que, em muitos lugares, fortaleceu a hostilidade pública contra eles. Em 1900, a maioria dos países ainda bania as relações de mesmo sexo, ao menos para homens (uma vez que muitos não acreditavam possível que mulheres fossem homossexuais), e os impérios europeus suprimiram brutalmente a tolerância local em suas colônias.

Mas, nos anos de baby boom após a Segunda Guerra Mundial e inspirados por outros movimentos pelos direitos civis, os homossexuais começaram a se organizar da maneira que Jack Nichols sugerira durante o comício de Martin Luther King. Nos quatro anos seguintes, sua Sociedade de Mattachine fez piquetes em frente à Casa Branca e outros edifícios governamentais, exigindo os mesmos direitos civis garantidos a todos os cidadãos. Eram um grupo pequeno, mas ajudaram a conscientizar a comunidade e dar visibilidade a suas demandas. No fim dos anos 1960, a ACLU mudou de posição quanto à discriminação governamental e passou a liderar a luta nos tribunais.[29]

Em uma noite quente do verão de 1969, o movimento gay ganhou força quando homossexuais que bebiam no Stonewall Inn, em Nova York, ficaram tão frustrados com a constante perseguição que responderam a uma batida policial de rotina com tumulto. A atenção disseminada da mídia galvanizou a comunidade e grupos pelos direitos dos homossexuais foram fundados em muitas grandes cidades dos EUA e da Europa. Em 1970, paradas do orgulho gay foram organizadas em Nova York, Chicago, São Francisco e Los Angeles, comemorando a data. Atualmente, o orgulho gay é celebrado em cidades de todo o globo.

Na década de 1970, vários estados americanos aboliram as leis contra sodomia. Em 1973, um juiz federal decretou que a orientação sexual não era razão suficiente para demitir um funcionário público. No mesmo ano, a Associação Americana de Psiquiatria removeu a homossexualidade de sua lista de distúrbios mentais. Em 1967, os atos homossexuais privados na Inglaterra e no País de Gales foram descriminalizados, embora a idade de consentimento fosse mais alta que para os heterossexuais (21 *versus* 16 anos). A jovem Margaret Thatcher foi um dos poucos membros do Partido Tory a votar a favor. As mesmas reformas foram feitas na Escócia em 1981. Contudo, a

IGUALDADE

restrição de privacidade significava que as pessoas ainda podiam ser processadas se fizessem sexo em um quarto de hotel ou houvesse uma terceira pessoa em suas casas. Essas restrições só foram derrubadas pelo Tribunal Europeu de Direitos Humanos em 2000.

A libertação gay iniciou uma espiral benéfica. Quanto mais pessoas se assumiam como gays e lésbicas, mais as outras pessoas percebiam que eles não eram seres alienígenas, mas seus familiares, vizinhos e colegas. Isso criou uma cultura mais tolerante, o que permitiu que mais pessoas assumissem suas orientações sexuais, o que tornou a cultura ainda mais tolerante, e assim por diante. Novos personagens gays nas séries de TV e na cena musical causavam impacto. Em 1985, somente 24% dos americanos diziam conhecer alguém homossexual. Esse número aumentou para quase 60% em 2000 e para 75% em 2013. Costumava ser estranho conhecer alguém homossexual, ao passo que hoje em dia é estranho *não* conhecer. Isso representa uma mudança muito rápida de atitude.

Até 2003, quando a Suprema Corte as extinguiu, leis banindo a "sodomia" permaneciam vigentes em quatorze estados americanos. No ano seguinte, Massachusetts aceitou o casamento entre pessoas do mesmo sexo, mas isso levou a uma violenta reação nacional e o Partido Republicano, sob George W. Bush, levou os conservadores às urnas, em 2004 e 2006, com referendos e iniciativas governamentais contrárias aos homossexuais. Na época, 60% dos americanos se opunham ao casamento entre pessoas do mesmo sexo. Aliás, em sua campanha presidencial de 2008, Barack Obama disse que o casamento se dava entre um homem e uma mulher e que ele se opunha ao casamento gay. Mas a opinião pública mudou radicalmente. Em 2014, 60% dos americanos se opunham ao casamento gay; hoje, 60% o aprovam. Obama mudou de ideia em 2012 e Bush se ofereceu para oficializar ao menos um casamento homossexual. Em 2015, a Suprema Corte decidiu que casais do mesmo sexo têm o direito constitucional de se casar.

PROGRESSO

Há apenas algumas décadas, o sexo homossexual era ilegal quase em todos os lugares. Na União Soviética, os homossexuais eram sentenciados a cinco anos de prisão; na China, eram enviados para campos de trabalhos forçados. Hoje, ainda é ilegal em muitos países da África, do Oriente Médio e da Ásia Meridional, mas em outros lugares é difícil encontrar proibições. Ele é legalizado em ao menos 113 países, incluindo a China e — a despeito da proibição de "propaganda homossexual" — a Rússia. Grandes maiorias na América Latina acham que a sociedade deveria aceitar a homossexualidade. Em países como Chile e Argentina, há mais pessoas tolerantes que nos Estados Unidos.[30] Nenhum país aceitava casamentos entre pessoas do mesmo sexo até que a Holanda o fizesse, em 2001. Hoje, ele é aceito em 21 países, incluindo a devotamente católica Irlanda. Muitos outros países fornecem proteção legal ao casamento homossexual.

Mesmo assim, a homossexualidade permanece ilegal em muitos países e é um crime capital em cinco: Irã, Mauritânia, Arábia Saudita, Sudão e Iêmen. Alguns países, como a Rússia e vários países africanos, denunciam a homossexualidade como maneira de se distanciar do Ocidente e das atitudes liberais em geral. Mas a tendência histórica é forte e os fatores que contribuíram para a tolerância — prosperidade, educação, urbanização, visibilidade — operam globalmente.

A intolerância persiste em todo o mundo, contra mulheres, homossexuais e minorias étnicas e religiosas. Em alguns poucos países, ainda possui forte aprovação oficial, mas eles estão no lado errado da história. Em muitos outros países, as pessoas ainda enfrentam preconceitos, hostilidade e crimes de ódio todos os dias, mas hoje, pela primeira vez, os governos estão protegendo a igualdade e o direito de amar qualquer um, e a intolerância já não pode estar segura da ajuda, ou mesmo da aceitação silenciosa, das comunidades majoritárias. Foi um progresso espantoso, de fato. A geração seguinte crescerá cercada por mais tolerância e aceitação que nunca antes, para grande pesar dos reacionários.

10

A próxima geração

O principal combustível a acelerar o progresso do mundo é nosso estoque de conhecimento; os freios são nossa falta de imaginação e a danosa regulação social dessas atividades. O recurso final são as pessoas — especialmente as jovens, habilidosas, corajosas e esperançosas, agraciadas com liberdade —, que exercerão suas vontades e imaginações para seu próprio benefício e assim, inevitavelmente, beneficiarão também o restante de nós.

Julian Simon[1]

Visito Thi-Chi em sua casa, nos arredores da cidade de Ho Chi Minh, no sul do Vietnã. Ela observa sua casa e os campos de arroz em torno. Era neles que trabalhava quando criança. Desde muito jovem, tinha de trabalhar nos campos todos os dias, sob sol escaldante e chuva intensa. Assim como seus pais haviam feito quando eram crianças e seus avós antes deles. Não porque eram maus ou não se importavam com os filhos, mas porque eram desesperadamente pobres e precisavam do trabalho das crianças para alimentar a família.

PROGRESSO

Em toda parte, pais são obrigados a tomar a mesma decisão. Historicamente, o trabalho infantil não foi motivo de preocupação, mas um modo natural de vida. Esse sempre foi o caso, em todos os lugares e em todas as eras com exceção da nossa.

Hoje as pessoas às vezes ficam com a impressão de que o trabalho infantil foi resultado da Revolução Industrial, mas a literatura mais recente indica que isso ocorreu porque foi a primeira vez em que as pessoas reagiram a ele, escreveram sobre ele e exigiram seu fim. Como afirmou o lendário historiador econômico Eli Heckscher:

> a noção de que o trabalho infantil foi, na teoria ou na prática, resultado da Revolução Industrial é diametralmente oposta à realidade. Até o mercantilismo, as crianças eram empregadas praticamente desde que conseguiam andar e, por exemplo, Colbert [ministro das Finanças do rei Luís XIV entre 1665 e 1683] introduziu multas para os pais que não colocavam os filhos de 6 anos para trabalhar em uma de suas particularmente caras indústrias.[2]

Em velhas tapeçarias e pinturas, desde ao menos o período medieval, as crianças são retratadas como parte integrante da economia doméstica. Elas fiavam para que os pais tecessem, plantavam sementes e arrancavam ervas daninhas, recolhiam lenha, cuidavam do gado, ajudavam a arar e contribuíam com todas as tarefas domésticas.

Como temos uma imagem nostálgica e ligeiramente rósea da agricultura, isso às vezes foi romantizado como maneira de aprender tarefas importantes dentro do círculo familiar fechado. Certamente foi muitas vezes o caso, mas também é verdade que o trabalho era exaustivo e prejudicava o desenvolvimento intelectual das crianças. Elas apanhavam quando não realizavam as tarefas da maneira exigida pelos pais.

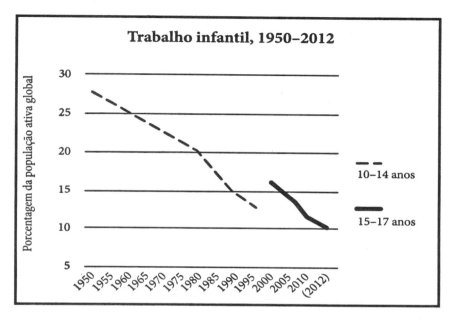

Fontes: OIT, 1996, 2013.³

Elas também eram frequentemente contratadas para trabalhar na casa de outras famílias, como criadas. Muitas vezes moravam e eram totalmente dependentes de estranhos. Muitas trabalhavam em pequenas oficinas e indústrias domésticas e alguns acadêmicos sugerem que seu trabalho era mais intenso e explorado que durante a industrialização. Nos piores casos, escalavam chaminés e trabalhavam em minas. Até meados do século XIX, era comum que as crianças das classes operárias começassem a trabalhar aos 7 anos. A sobrevivência da família exigia que todos contribuíssem.⁴

Longe de ser considerado um problema, o trabalho infantil era visto como forma de educação e maneira de prevenir a vadiagem. Quando o autor Daniel Defoe escreveu sobre a indústria de algodão de Lancashire em 1726, ficou feliz em ver que crianças de apenas 4 anos haviam encontrado emprego. O filósofo iluminista do século

PROGRESSO

XVII John Locke foi pioneiro na defesa dos direitos das crianças, mas, mesmo assim, recomendava que os filhos dos pobres começassem a trabalhar aos 3 anos. Em 1840, o prefeito de Liverpool se queixou da "falta de empregos" para crianças, que levava à vadiagem e aos furtos.[5]

É extraordinário ver como ideias assim eram comuns na época. A infância não era vista como uma época de protegida inocência, mas como período no qual jovens indivíduos ajudavam na casa e aprendiam as habilidades de que necessitariam mais tarde, lado a lado com os adultos.

A maior mudança causada pela industrialização inicial foi que esses trabalhos ocasionalmente migraram para as fábricas. É claro que parece muito pior enviar uma criança para longe de casa, e frequentemente era. Mas também significou que muitas crianças que teriam sido enviadas para morar de forma permanente com outras famílias podiam voltar para a casa dos pais todas as noites. A crítica disseminada ao trabalho infantil começou na Inglaterra. Ela pode não ter sido resultado do fato de o trabalho infantil ser mais comum e brutal que em outros lugares, mas sim uma indicação de que começava a ser reduzido, uma tendência que trouxe consigo a reavaliação cultural do papel das crianças e a oposição aos operários muito jovens.

Em 1851, os registros indicam que 28% das crianças entre 10 e 14 anos na Inglaterra e no País de Gales trabalhavam. Esse número é chocantemente alto e nem mesmo inclui as numerosas meninas que trabalhavam em casa, sem pagamento, cuidando dos irmãos mais novos e das tarefas domésticas. Todavia, é muito mais baixo que o registrado em países não industrializados, mesmo cem anos depois. Em 1950, a taxa de trabalho infantil na China era estimada em 48%, na Índia em 35% e na África em 38%. Mesmo em um país relativamente rico como a Itália, a taxa de trabalho infantil era de 29% em 1950.[6]

A PRÓXIMA GERAÇÃO

Tradicionalmente, as restrições legais ao trabalho infantil, como as leis fabris inglesas, receberam o crédito por diminuir sua prevalência, mas Clark Nardinelli concluiu, em um relato revisionista da história, que elas "não causaram o declínio de longo termo do trabalho infantil. Em vez disso, podem ter sido mais efeito do declínio que sua causa".[7] Enquanto os pais permaneceram dependentes da renda dos filhos para sobreviver, as proibições frequentemente foram negligenciadas e, se tiveram qualquer efeito, foi o de fazer com que as crianças assumissem tarefas mais perigosas no setor informal, às vezes até mesmo se prostituindo e roubando.

Era necessário diminuir a oferta e a procura. Isso ocorreu no século XIX, na forma de salários mais altos, educação universal e mudança tecnológica. Os salários mais altos fizeram com que os pais deixassem de ser tão dependentes do trabalho dos filhos. Ao mesmo tempo, os trabalhos rotineiros na indústria foram mecanizados. Isso resultou em menor demanda por crianças que pudessem realizar tarefas simples e maior procura por adultos habilitados. Ambas as mudanças aumentaram o nível de matrícula escolar. Como as crianças não precisavam trabalhar, podiam frequentar a escola e, uma vez que as habilidades passaram a ser valorizadas, os pais se beneficiavam economicamente se as tirassem dos empregos e investissem em suas futuras habilidades.

A taxa de trabalho infantil na Inglaterra e no País de Gales foi reduzida de 28% em 1851 para 21% em 1891 e 14% em 1911, logo chegando a zero. Passo a passo, isso aconteceu em todos os países industrializados. A mesma mudança ocorre agora em países de baixa e média renda, que passam pelo mesmo processo.

Thi-Chi, a mulher vietnamita do início do capítulo, já não trabalha com agricultura. No início da década de 1990, quando a economia vietnamita se abriu ao comércio global, o país aumentou suas exportações agrícolas e recebeu substanciais investimentos estrangeiros.

O resultado foi o rápido crescimento econômico. Thi-Chi agora trabalha em uma fábrica, produzindo sapatos esportivos para os mercados ocidentais e ganhando cinco vezes mais do que antes. Isso significa que pode abrir mão da renda do filho e dar a ele uma educação adequada. Sorrindo, ela conta que quer que ele seja médico.

Entre 1993 e 2006, a proporção de meninos e meninas entre 10 e 14 anos que trabalhavam no Vietnã caiu de mais de 45% para menos de 10%. O trabalho infantil entre crianças de 6 a 9 anos decresceu em 93% no mesmo período.[8]

Esses não são apenas números fantásticos em si, mas também dizem algo interessante sobre o trabalho infantil. Eles parecem sugerir que os pais colocam os filhos para trabalhar não para maximizar a renda, mas porque não possuem alternativa. O rápido crescimento das exportações de arroz na década de 1990 significou que o valor do trabalho potencial das crianças vietnamitas cresceu, de modo que, se os pais simplesmente quisessem mais recursos, teriam colocado os filhos para trabalhar. Em vez disso, o número de crianças trabalhadoras foi reduzido em vários milhões em alguns poucos anos. Isso indica que elas só trabalham porque suas famílias não conseguem criá-las sem ajuda. Os pais removem os filhos dos empregos assim que escapam do risco de passar fome, mesmo que o salário infantil esteja em ascensão.

Em um estudo feito no Equador, as atitudes dos pais foram examinadas em um experimento de transferência de dinheiro. As famílias que venciam uma loteria recebiam uma transferência equivalente a 7% de suas despesas mensais. O dinheiro representava menos que um quinto da renda da criança trabalhadora média no mercado de trabalho, de modo que os pais perdiam um valor substancial se os filhos parassem de trabalhar, mas, mesmo assim, houve um declínio de 40% entre os sorteados. O impacto foi maior entre os mais pobres. Aparentemente, a questão não é se a família pode ganhar mais dinheiro, mas se consegue passar sem ele.[9]

A PRÓXIMA GERAÇÃO

Isso implica que os pais raramente precisam ser forçados a impedir que os filhos trabalhem — o que tornaria uma situação ruim ainda pior —, pois, no momento em que conseguem sobreviver sem a renda dos filhos, eles os removem da força de trabalho por iniciativa própria.

As pesquisas mostram que a extensão do comércio exterior de um país é inversamente proporcional à extensão do trabalho infantil, porque o comércio cria novos empregos e salários mais altos. Quando a economia da Índia se abriu em 1991, houve rápida queda no trabalho infantil, de 25% para 14% entre 1987 e 1999.[10]

Estima-se que em 1950 mais de um quarto de todas as crianças do mundo entre 10 e 14 anos eram economicamente ativas — o que significa que produziam bens e serviços, incluindo o trabalho na residência de outras pessoas. Na África e na Ásia, quase quatro em cada dez crianças eram operárias, nesse sentido amplo. Agora, esse número global certamente é menor que uma em dez.[11]

Desde 2000, a Organização Internacional do Trabalho (OIT) estima regularmente o número de crianças entre 5 e 17 anos que trabalham, baseada em um número crescente de censos nacionais. O retrato geral é de "progresso significativo". Em 2012, havia 168 milhões de trabalhadores infantis nesse grupo etário em todo o globo. Em 2000, esse número era de 245 milhões, o que significa uma redução de 16% para 10,6% de todas as crianças. Em apenas doze anos, houve uma redução de 40% no número de meninas envolvidas no trabalho infantil e de 25% no número de meninos. A proporção de crianças entre 5 e 11 anos em trabalhos de risco — em locais perigosos ou em condições prejudiciais à saúde, que podem resultar em ferimentos, doenças e morte — foi reduzida ainda mais rapidamente, em dois terços entre 2000 e 2012, de 9,3% para 3,1%.[12]

Essa transição caminhou de mãos dadas com uma nova avaliação da infância — tanto causa quanto efeito do fim do trabalho infantil, mas, principalmente, resultado das famílias menores e da expectativa racional de que as crianças terão uma vida mais longa e saudável. As crianças já não são vistas como recurso a ser explorado pela economia doméstica. Em vez disso, são um investimento no futuro da família e dos indivíduos, que devem receber as melhores condições possíveis para uma vida longa e feliz. O fluxo de recursos dos filhos para os pais foi substituído pelo fluxo de recursos dos pais para os filhos. Uma mãe da classe operária em Londres lembra como, em sua infância, nos anos 1950, seu pai sempre ficava com qualquer comida que sobrasse, mas agora, "se houver uma costeleta sobrando, a criança fica com ela".[13]

A despeito do que vemos nos noticiários, as condições da infância nunca foram tão benéficas quanto atualmente. Considere uma menina de 10 anos, duzentos anos atrás. Onde quer que tivesse nascido, ela não poderia esperar viver mais que 30 anos. Teria entre cinco e sete irmãos e já teria visto ao menos um ou dois deles morrerem. A chance de sua mãe sobreviver ao parto era menor que a chance da geração atual de conhecer seus avós.

Ela teria sido criada em condições que consideraríamos insuportáveis. Sua família não teria acesso a água limpa ou banheiros. Talvez nem sequer tivessem uma latrina; usariam uma vala ou se aliviariam atrás de uma árvore. Os arredores seriam cheios de lixo e fezes, contaminando as fontes de água e devastando vidas. Seus pais viveriam em medo constante de que ela fosse levada embora por tuberculose, cólera, varíola ou sarampo — ou pela fome.

Seu crescimento teria sido interrompido e ela seria magra e baixa, uma vez que vivia em um mundo de subnutrição crônica e fome recorrente, no qual as pessoas não tinham energia suficiente para crescer e funcionar adequadamente. Isso também teria alterado o desenvolvimento correto de seu cérebro. Ela não receberia qualquer tipo de educação e jamais aprenderia a ler ou escrever. Certamente começaria a trabalhar muito cedo, talvez como criada na casa de outra família. De

A PRÓXIMA GERAÇÃO

qualquer modo, não teria acesso a quase nenhuma outra ocupação e seria considerada propriedade do pai, até que se casasse, quando então o pai a passaria ao marido. Se ele batesse nela ou a violentasse, não haveria nenhuma lei que a protegesse. Ela não seria capaz de se organizar politicamente para mudar essa situação, pois não teria direito a voto nem de se candidatar em uma eleição, não importa onde vivesse. Se ela quisesse deixar tudo para trás, não haveria carros, ônibus ou aviões. Os trens já existiam, mas somente para transportar carvão em certas partes da Inglaterra e do País de Gales.

Ela viveria em um mundo brutal, no qual o risco de morte violenta era quase três vezes maior que o de hoje. A Inglaterra tinha trezentos crimes capitais registrados, e ela ainda veria corpos exibidos nos patíbulos. A tortura e a escravidão ainda seriam comuns. Os tempos de paz seriam um intervalo entre guerras. O mundo teria acabado de passar pelas guerras napoleônicas, com toda a Europa e muitas partes do mundo tendo se transformado em campos de batalha. Qualquer segurança que se construísse podia ser colocada abaixo em poucos dias.

Desde então, a humanidade experimentou uma revolução nos padrões de vida. Solucionamos quase completamente os problemas de fome e saneamento, o que ajudou a melhorar a saúde e mais que dobrou a expectativa de vida. Ao contrário do que muitos temiam, isso resultou em famílias menores, em mais crianças alfabetizadas e na erradicação da pobreza extrema. A classe média em ascensão, antecipando vidas mais longas para seus filhos, começou a abandonar a violência como modo de resolver conflitos políticos e particulares e passou a investir no futuro. O meio ambiente até então tivera baixa prioridade, por causa da luta cotidiana pela sobrevivência, mas, conforme nossas vidas iam melhorando, passamos a nos interessar pelo mundo mais amplo. A prosperidade e o conhecimento contribuíram para os ideais iluministas e para o advento da democracia e dos direitos humanos, incluindo os direitos das mulheres e das minorias

PROGRESSO

étnicas. Isso, por sua vez, permitiu que mais pessoas contribuíssem para nosso estoque de conhecimentos e riquezas, tornando cada vez mais provável um futuro ainda melhor.

A humanidade subiu a escada do desenvolvimento. Cada grande avanço facilitou o seguinte, mas também reforçou os ganhos que já havíamos obtido. A alfabetização aumentou a prosperidade e essas novas riquezas permitiram ampliar ainda mais a alfabetização. Melhor acesso a comida e cuidados com a saúde tornaram possível trabalhar mais, de modo que pudemos ter melhor nutrição e uma saúde ainda melhor.

A mesma menina de 10 anos, ao viver hoje, tem mais probabilidade de chegar à idade da aposentadoria que seus antepassados tinham de chegar ao quinto aniversário. Mesmo que viva em um dos países mais pobres do mundo, tem mais acesso à alimentação adequada que uma menina dos países mais ricos há duzentos anos. O risco de que viva na extrema pobreza diminuiu de 90% para menos de 10%. Ela vai à escola, como quase todo mundo em sua geração, e verá o analfabetismo ser erradicado durante sua vida. Seus pais provavelmente a sustentam, de modo que ela não precisa abandonar a escola para trabalhar. Ela tem boas chances de viver em uma democracia, na qual as mulheres possuem direitos e proteções individuais. Enfrenta um risco menor de conhecer a guerra que qualquer outra geração da história. Seu risco de morrer em um desastre natural é 95% menor do que seria há cem anos e ela sequer ouvirá falar de uma grande fome em algum lugar do mundo.

Os filósofos sempre debateram se o progresso contribui para a felicidade. Alguns disseram que o bem-estar psicológico é totalmente diferente do bem-estar físico e material e não é afetado por ele. Mesmo que os pesquisadores tenham começado a mensurar esses fatores apenas recentemente, os resultados preliminares indicam níveis globais mais altos de felicidade. Os dados das pesquisas nacionais

A PRÓXIMA GERAÇÃO

representativas sobre o bem-estar autorrelatado desde 1981 indicam que a felicidade aumentou em 45 de 52 países. Os pesquisadores acreditam que o progresso descrito neste livro foi essencial para isso:

> A análise da regressão sugere que a extensão de livre escolha permitida por uma sociedade tem grande impacto sobre a felicidade. Desde 1981, o desenvolvimento econômico, a democratização e a crescente tolerância social aumentaram à medida que as pessoas percebem sua livre escolha, o que, por sua vez, levou a níveis mais altos de felicidade em todo o mundo, como sugere o modelo de desenvolvimento humano.[14]

Quando se trata de precondições para uma boa vida, o ponto de partida para alguém nascido hoje está a um mundo de distância de nossos antepassados, duzentos anos atrás. Mas talvez a maior diferença seja psicológica e intelectual. É difícil sequer imaginar quão limitada era a visão de mundo da pessoa média há dois séculos. Não porque eram estúpidas, mas porque não possuíam recursos. Não eram alfabetizadas nem tinham acesso à educação, ao telégrafo, ao rádio ou à internet. A principal fonte de notícias para aquela menina de duzentos anos atrás era o que ouvia na igreja ou o que seu pai ouvia no pub, talvez de um visitante estrangeiro. Ela teria esperado levar o mesmo tipo de vida que a mãe, no mesmo lugar, e nada diferente jamais lhe pareceria possível.

Quão diferente parece o mundo para um indivíduo que pode receber notícias imediatas sobre o restante do mundo. Em breve, 3 bilhões de pessoas em todo o globo terão um smartphone. Cada uma delas terá mais poder computacional no bolso que os supercomputadores da década de 1960, com comunicação instantânea e acesso a todo o conhecimento disponível. Com apenas uma busca no Google, iniciarão uma série de cálculos que exigem mais poder computacional do

PROGRESSO

que o empregado por todo o Programa Apollo durante seu projeto de onze anos para levar o homem à Lua. Os chineses compraram mais de 400 milhões de smartphones apenas em 2015. Essa é a população que vivia em profunda miséria e era incapaz de saber qualquer coisa sobre o restante do globo há apenas trinta anos. Agora, tem acesso instantâneo a todo o conhecimento disponível.

Esse dramático progresso abriu nossos olhos e nossas mentes. Os jovens vislumbram alternativas e são inspirados por possibilidades que jamais teriam ocorrido a seus pais e às sociedades nas quais cresceram. Como vimos no vilarejo de Bhagant, na Índia, os jovens estão inquietos e descontentes. Eles serão difíceis e problemáticos e perturbarão a ordem das coisas, porque exigirão mais do que têm agora. E também terão de inventar ferramentas que sequer imaginamos, usando o reservatório coletivo de conhecimento humano.

O conhecimento sempre foi um recurso raro, por várias razões: cumulativamente, não sabíamos muito sobre o mundo, não havíamos desenvolvido a alfabetização e a educação com as quais compreender o conhecimento existente e não tínhamos meios para disseminar amplamente o pouco que possuíamos. Mesmo a elite intelectual achava ineficaz a transmissão de conhecimentos. No início dos anos 1880, Herbert Spencer, um dos principais pensadores da época, descobriu que a visão de mundo de Immanuel Kant parecia com a que ele propagava havia trinta anos. Mas, sem saber alemão, não tinha como compreender um dos mais famosos filósofos da história. Cerca de uma década se passou antes que conseguisse uma tradução para o inglês da obra de Kant e fosse capaz de notar as similaridades.[15]

Agora sabemos mais que nunca, somos mais alfabetizados que nunca e podemos encontrar quase qualquer coisa em que estejamos interessados em apenas alguns segundos. Em breve, cada pessoa de quase todos os países terá um smartphone ou um computador, conectado a praticamente todos os outros habitantes do planeta.

A PRÓXIMA GERAÇÃO

Considerando o que a humanidade foi capaz de realizar quando somente uma fração de nós tinha acesso a apenas uma fração desse conhecimento e podia colaborar apenas com as pessoas que conhecia, é fácil predizer que um mundo sem tais limitações conhecerá uma criatividade espantosa.

Usando uma metáfora clássica da ciência como empreitada colaborativa, Isaac Newton escreveu: "Se vi mais longe, foi por estar de pé sobre os ombros de gigantes." Em sua era, somente uma pequena elite de cientistas brilhantes vivia nesse mundo de conhecimento conectado, no qual podiam fazer uso do conhecimento acumulado de estranhos. Agora bilhões o fazem. Dessa vez, não estamos apenas de pé sobre os ombros de gigantes, estamos ajudando uns aos outros a subir.

A despeito de todo o progresso que fizemos, ainda há grandes problemas econômicos, sociais e ambientais. Ainda enfrentamos ameaças de violência, terrorismo, migração forçada e imprevisibilidade da natureza. Mas o progresso que fizemos também significa que mais olhos que nunca observam os problemas da humanidade e mais cérebros que nunca inventam possíveis soluções.

A única maneira de nos aproximarmos de um mundo no qual possamos explorar todas as possibilidades e usar todo o conhecimento disponível — para inventar, criar e solucionar problemas ambientais — é permitir que todos participem. Os padrões de vida que atingimos significam que, como espécie, temos mais energia e inteligência que jamais antes, que serão usadas para tornar nossas vidas ainda melhores. Na física, velocidade de escape é a velocidade de que um objeto necessita para se livrar da atração gravitacional de um corpo. A humanidade está se livrando das limitações naturais e autoimpostas que nos prendiam. A humanidade chegou à velocidade de escape.

A notável mudança em todo o mundo nas últimas décadas pode ser documentada com um pouco de leitura das mãos. Já nos encontramos com Lasse Berg e Stig Karlsson, os dois viajantes que tiveram de abandonar sua visão de mundo pessimista depois que repetidas visitas ao mesmo vilarejo indiano revelaram progressos fantásticos.

Quando visitaram Sajani pela primeira vez, conheceram Sattos, uma menina de 12 anos que trabalhava durante longas horas em casa e nos campos, cuidando dos animais. Na época, tiraram uma fotografia de suas mãos, sempre enrugadas e avermelhadas, prematuramente envelhecidas por anos de trabalho. Quando retornaram para conhecer a geração seguinte, tiraram uma fotografia das mãos de sua filha de 13 anos, Seema.[16] Elas não se pareciam em nada com as mãos da mãe na mesma idade. Eram jovens e macias, as mãos de uma menina que pudera brincar e estudar. Eram as mãos de uma menina cuja infância não fora roubada e, desse modo, estava mais bem preparada para a vida adulta.

Essas duas fotografias representam a mudança que o mundo conheceu nas últimas décadas. Seema não é uma exceção. Há centenas de milhares de meninas e meninos como ela. Eles pertencem à geração mais instruída que já existiu e viverão vidas mais longas que nunca antes, com maior liberdade. Estão dando seus primeiros passos em um novo mundo. Nosso futuro está em suas mãos.

Epílogo

Então por que você ainda não está convencido?

> Vivemos tempos amaldiçoados,
> em um mundo decrépito e iníquo.
> Os políticos são muito corruptos.
> Os filhos já não respeitam os pais.
>
> Inscrição em uma pedra da Caldeia, 3800 a.C.[1]

Escrever um livro com uma mensagem positiva sobre o mundo não é exatamente fácil. Ronald Bailey é um autor que trabalhou muito para se contrapor às percepções de ruína e desastre iminentes. Quando apresentou a seu editor a proposta de um livro fazendo exatamente isso, a resposta que recebeu lança luz sobre o que as pessoas querem ler: "Ron, publicaremos esse livro e ganharemos algum dinheiro. Mas saiba que, se você escrevesse um livro predizendo o fim do mundo, eu poderia transformá-lo em um homem rico."[2]

PROGRESSO

É justo assumir que as pessoas, em geral, não partilham da esperançosa visão de mundo que expus neste livro. Na Inglaterra, na Austrália, no Canadá e nos Estados Unidos, 54% dos entrevistados avaliaram o risco de nosso modo de vida chegar ao fim nos próximos cem anos em 50% ou mais. Quase um quarto dos entrevistados respondeu que o risco de os seres humanos serem varridos da face da Terra é de 50% ou mais.[3]

Há alguns anos, encomendei um estudo no qual mil suecos responderam a oito perguntas sobre o desenvolvimento global. Sua falta de conhecimento era assombrosa. Na média, todos os grupos etários e de renda responderam erroneamente às oito perguntas. Eles achavam que o mundo era ruim e estava piorando e consistentemente subestimavam o progresso que já fizemos. Setenta e três por cento consideravam que a fome havia crescido e 76% que a extrema pobreza aumentara, durante um período no qual ambas haviam declinado mais rapidamente que em qualquer outro período da história mundial.[4] Aqueles com níveis mais elevados de educação tinham menos conhecimento sobre os progressos contra a pobreza e a fome, o que nos faz perguntar quão atualizados estão os livros universitários.

O fato de que esse progresso permanece ignorado pela maioria das pessoas foi confirmado por estudos mais recentes. A Fundação Gapminder fez várias pesquisas de "ignorância" usando questões de múltipla escolha. Na Inglaterra, apenas 10% dos entrevistados achavam que a pobreza havia diminuído nos últimos trinta anos. Mais da metade via que tinha aumentado. Sessenta e seis por cento consideravam que quase dobrara.[5] Como também podiam responder que o nível de pobreza permanecera o mesmo, uma resposta aleatória teria resultado em um terço de acertos, de modo que os ingleses se saíram significantemente pior que um chimpanzé. A Gapminder observa que não se pode chamar de ignorância o fato de não termos mais acertos que os obtidos por respostas aleatórias; devemos ter hipóteses errôneas, baseadas em informações incorretas ou desatualizadas.

EPÍLOGO

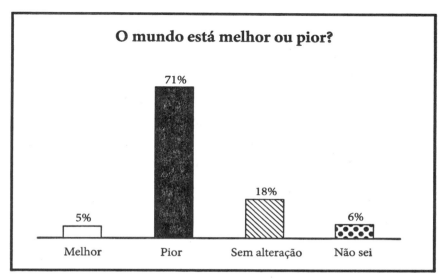

Fonte: Ingleses entrevistados em 8-9 de janeiro de 2015, YouGov/Human Zoo.

Essas hipóteses são muitas vezes formadas pela mídia, que reforça uma maneira particular de olhar o mundo, a tendência de focar no que é dramaticamente surpreendente, o que quase sempre significa más notícias, como guerras, assassinatos e desastres naturais. Parece que, quanto mais as pessoas assistem aos noticiários na TV, mais exageram a extensão do crime. Um estudo realizado em Baltimore, onde a criminalidade foi reduzida rapidamente, mostrou que 73% daqueles que assistiam aos noticiários todos os dias evitavam ficar até muito tarde nas ruas, comparados a 54% daqueles que não assistiam a mais que duas vezes por semana. Quase todos achavam que o crime era prevalente, mas, curiosamente, sempre pensavam que ocorria em algum outro lugar da cidade, e não onde viviam. Entre os entrevistados, 84% temiam que criminosos pudessem ferir suas famílias, mas 92% disseram se sentir seguros em sua própria vizinhança. Assim, o ambiente que conheciam bem transmitia segurança, mas os lugares dos quais ouviam falar nas notícias pareciam muito arriscados.[6]

PROGRESSO

Muitos jornalistas e editores reconhecem essa tendência. O radialista americano Eric Weiner diz: "A verdade é que pessoas infelizes, vivendo em lugares profundamente infelizes, dão boas histórias."[7] Quando o jornalista televisivo sueco Freddie Ekman foi questionado sobre as maiores matérias que viu durante seu quase meio século no ramo, ele respondeu listando o assassinato do primeiro-ministro Olof Palme em 1986, o naufrágio da balsa *Estonia* em 1994 e o terror dos ataques do 11 de setembro. Quando questionado sobre matérias positivas no mesmo período, respondeu: "Não nos lembramos delas, porque nunca são grandes."[8]

Ulrik Hagerup, de uma rádio dinamarquesa, admite que os jornalistas relatam "os buracos no queijo" — problemas e conflitos —, mas raramente falam do queijo em si — a sociedade e seus progressos. Mikael Österlund, apresentador do noticiário *Ekot*, em uma rádio sueca, explica que a reação mais comum dos ouvintes é: "Por que vocês sempre descrevem o mundo como se fosse impossível viver nele?" Sua resposta é que é seu dever falar sobre as coisas que estão erradas, para que as pessoas possam decidir se é assim que querem que o mundo seja. Também é seu trabalho descrever os desvios do que é esperado — esperamos que aviões decolem e aterrissem em segurança e, assim, só relatamos as quedas.[9]

Da perspectiva da mídia, faz sentido. Se um avião cair, quero ouvir a respeito. Mas isso também significa que não devemos nos contentar em obter informações somente dos noticiários; também precisamos de contextualização, de história e estatísticas. O que realmente impressiona é o fato de 40 milhões de aviões decolarem todos os anos e quase todos aterrissarem em segurança. Desde os anos 1970, o número de passageiros cresceu mais de dez vezes e, mesmo assim, o número de acidentes e fatalidades caiu pela metade, mas você jamais saberia disso seguindo os noticiários.[10]

EPÍLOGO

Max Roser, economista da Universidade de Oxford que coleta dados sobre o desenvolvimento mundial, define a situação da seguinte maneira: "As coisas que acontecem em um instante são majoritariamente ruins. É esse terremoto ou aquele assassinato horrível. Você jamais terá uma matéria na BCC ou na CNN que comece dizendo 'Não há fome no sul de Londres hoje' ou 'A mortalidade infantil decresceu novamente, em 0,005%, em Botsuana'."[11]

Os jornalistas estão sempre procurando a história mais dramática e chocante na área geográfica que cobrem. Há muitos benefícios nessas notícias instantâneas que as redes globais de TV e a internet nos trazem. Ao menos, aprendemos sobre as condições em que vivem as pessoas em outros lugares do mundo. Mas também torna fácil para alguém, em algum lugar, encontrar algo realmente chocante para relatar. Sempre há uma guerra, um bestial assassino de crianças à solta, e é isso que lidera o ciclo de notícias — o tempo todo. Quando olhamos para o que há nas notícias como um todo, isso nos dá a impressão de que são ocorrências comuns e até cada vez mais comuns.

E, é claro, os partidos políticos, os candidatos em campanha e os grupos de pressão sempre exploram nosso medo para promover suas ideologias. O surto de ebola na África Ocidental em 2014–5 é um exemplo de colaboração entre a mídia e as organizações para assustar as pessoas. Em setembro de 2014, as manchetes gritaram que "Estados Unidos advertem que ebola pode infectar 1,4 milhões em 2015" e "CDC prevê 1,4 milhões de casos de ebola". Esse número veio do cenário mais pessimista, calculado pelo Centro de Controle de Doenças, que assumiu, especulativamente, que a maioria dos casos permaneceria desconhecida e sem intervenção. Mesmo no cenário abstrato do estudo, isso foi classificado como "muito improvável".[12] Mas era o número mais alto e, portanto, o que foi escolhido pelos jornais e ficou em nossas mentes.

Na verdade, todos os estudos presumiram que a África Ocidental manteria o comportamento de risco, como se nada tivesse acontecido.

PROGRESSO

Outras predições pareciam ter como objetivo manter o ebola no noticiário. Quando o surto estabilizou em mil novos casos por semana, em outubro de 2014, a OMS alertou que poderia haver entre 5 e 10 mil por semana até dezembro. Isso se traduziu em manchetes como "OMS espera 10 mil casos por semana". O total de casos resultantes do surto, em nível mundial, foi de 30 mil.

De certa maneira, eles estavam fazendo seu trabalho. As instituições tentavam mobilizar a comunidade mundial com previsões assustadoras e a mídia achava precisar nos alertar sobre o pior cenário. Mas, em algum momento, todos esqueceram de nos lembrar que tudo aquilo era "muito improvável" e o resultado combinado foi um retrato completamente distorcido dos riscos. É claro, esse alarmismo pode muito bem ter encorajado as próprias intervenções que venceram o ebola, mas, como observa a *Economist*, quando as autoridades estão constantemente gritando "fogo", "fica mais difícil conseguir a atenção do mundo na próxima vez".[13]

Enquanto você lê, já pode ter se esquecido do ebola e do fato de o surto jamais ter se transformado no pesadelo mundial que foi antecipado. Talvez tenha voltado sua atenção para o próximo cenário mais pessimista. Um interessante experimento para quem quer uma perspectiva mais realista do mundo é seguir apenas a mídia local. Como ela cobre apenas uma pequena área geográfica, é mais difícil encontrar histórias horríveis, o que significa que ela fornece uma descrição mais acurada da vida cotidiana da maioria das pessoas. Em certo verão, li o *Strömstads Tidning*, jornal que cobre uma cidade de 6 mil habitantes e seus arredores na costa oeste sueca. As matérias eram muito diferentes e bem menos dramáticas que as que eu encontrava nos jornais nacionais, na BBC ou no Twitter.

Minha favorita foi uma matéria de capa intitulada "Tudo estava bem". Era sobre um motorista que não se mantivera à esquerda

EPÍLOGO

quando alguém tentara ultrapassá-lo, de modo que o outro motorista concluíra que ele devia ter usado drogas ou bebido e chamou a polícia. Eles o pararam em Strömstad. "O motorista estava sóbrio e coerente. Tudo estava bem, disse o policial de plantão." Tudo realmente estava bem e foi uma experiência comum e cotidiana, mas aposto que você jamais viu algo assim nos jornais.[14]

O jornalista Anders Bolling certa vez perguntou a um colega por que ele jamais chamava criminologistas para obter uma visão mais ampla das tendências criminais. "É muito tedioso", respondeu o colega, "porque eles só dizem que o crime está em declínio".[15] Bolling concluiu que não é construtivo ver as notícias como reflexo acurado do mundo, pois elas normalmente só fornecem uma minúscula seleção dos piores fatos que ocorreram nas últimas horas. Não que as histórias individuais sejam falsas, mas o efeito combinado funciona como filtro distorcido que faz com que o mundo pareça pior e mais perigoso do que realmente é.

Seria fácil culpar a mídia, mas a culpa é nossa. Se não quiséssemos ler, ouvir e ver notícias ruins, os jornalistas não as relatariam. De fato, quando não cobrem essas notícias, frequentemente criamos cenários apocalípticos por nós mesmos. Quando os repórteres não têm acesso a um evento em particular, frequentemente preenchemos as brechas com rumores e histórias de horror. Quando algo ruim acontece em algum lugar, 2 bilhões de smartphones se asseguram de que ficaremos sabendo, mesmo que não haja repórteres na cena.

Os psicólogos Daniel Kahneman e Amos Tversky demonstraram que as pessoas não baseiam suas estimativas sobre a frequência de um evento, mas sim em sua facilidade de se lembrar deles.[16] Essa "heurística de disponibilidade" significa que, quanto mais memorável for um incidente, mais provável acharemos que ele é, de modo que imaginamos que coisas horríveis e chocantes, que permanecem em nossas memórias, são mais frequentes do que o são de fato.

PROGRESSO

Provavelmente fomos feitos para nos preocupar. Nós nos interessamos por exceções. Notamos os fatos novos, estranhos e inesperados. É natural. Não temos de explicar e compreender normais e cotidianos, mas precisamos entender as exceções. Não dizemos a nossas famílias como foi o trajeto entre o trabalho e nossa casa, a menos que algo realmente estranho tenha acontecido no caminho.

Fomos programados assim pela evolução. Medo e preocupação são ferramentas de sobrevivência. Os caçadores e coletores que sobreviviam às tempestades súbitas e aos predadores eram os que tinham a tendência de observar o horizonte em busca de novas ameaças, e não aqueles que estavam relaxados e satisfeitos. Em uma era mais perigosa, o custo de reagir exageradamente a uma ameaça percebida era bem menor que o custo de reagir passivamente. Os mais preocupados e insatisfeitos sobreviveram e disseminaram seus genes entre nós.

Somos muito interessados em tudo que é perigoso porque as pessoas que não eram agora estão mortas. Se o prédio está em chamas, precisamos saber imediatamente. E, mesmo que o fogo seja apenas na televisão, desperta algum interesse. Sob camadas de abstração e dessensibilização, nossos cérebros da idade da pedra produzem adrenalina e alguns hormônios do stress enquanto estamos sentados seguramente em nossos sofás, assistindo.

Steven Pinker menciona três vieses psicológicos que nos fazem pensar que o mundo é pior do que realmente é.[17] Um é o bem documentado fato de que "ruim é mais forte que bom" — é mais provável que nos lembremos de termos perdido dinheiro, sermos abandonados por amigos ou recebermos críticas do que de recebermos dinheiro, ganharmos amigos ou sermos elogiados. Os autores de um estudo relacionado indicam que "a informação negativa recebe mais processamento e contribui mais intensamente para a impressão final que a informação positiva".[18]

EPÍLOGO

Outro viés emocional é a psicologia da moralização. Queixar-se de problemas é uma maneira de enviar aos outros sinais de que você se importa com eles, de modo que as críticas são vistas como mais moralmente engajadas. O filósofo do século XVII Thomas Hobbes também observou que criticar o presente é uma maneira de competir com nossos rivais e contemporâneos, ao passo que podemos facilmente elogiar as gerações passadas, que não estão competindo conosco.

Um terceiro viés é nossa nostalgia sobre uma era de ouro, na qual a vida supostamente era melhor e mais simples. O historiador cultural Arthur Herman observou: "Praticamente todas as culturas do passado e do presente acreditaram que homens e mulheres não estão à altura dos padrões de seus pais e antepassados."[19] No século VII a.C., o poeta Hesíodo achou que certa vez houvera uma Era de Ouro na qual os humanos viviam em harmonia com os deuses e não tinham de trabalhar, pois a natureza fornecia comida. Então veio a Era de Prata, com rixas e preocupações, e a Era de Bronze, com ainda mais rixas e preocupações. O próprio Hesíodo vivia na Era de Ferro, na qual os conflitos e a imoralidade reinavam e os humanos precisavam labutar para sobreviver. A maioria das culturas, religiões e ideologias possui mitologias similares, relacionando um pré-histórico paraíso perdido ao qual o presente decadente é comparado.

Muitos sentiram uma conexão entre essa idealização do passado e a idealização de nossa infância perdida, o nostálgico desejo de retornar a um estado de segurança e excitação. Conforme envelhecemos, assumimos mais responsabilidades, às vezes ficamos desiludidos ou entediados, e ocorre certa decadência de nossa capacidade física. Com frequência surpreendente, quando pergunto às pessoas sobre a época ideal, o momento da história do mundo que, em sua opinião, foi o mais harmonioso e feliz, elas respondem que foi a época de sua infância. Daí a nostalgia pela década de 1950 entre os *baby boomers*. Como o avô Abe Simpson diz em um episódio de *Os Simpsons*: "Eu costumava ser o tal, mas então eles mudaram o que significava ser o tal. Agora, o que sou não é o tal e o tal soa estranho e assustador para mim."

A cultura do iluminismo acreditava que o progresso era possível e que o mundo poderia progredir continuamente se a razão humana fosse libertada, mas, mesmo naquela época, alguns pensadores como Rousseau e os filósofos românticos achavam que o mundo que haviam criado era infinitamente pior que o que existira antes. Essa tem sido uma poderosa subcorrente no mundo ocidental desde então, apesar de todos os progressos realizados. Ainda é a reserva de cada populista e demagogo de hoje.

Recriamos constantemente nosso passado e rearranjamos nossas lembranças de forma inconsciente. Os dois viajantes Lasse Berg e Stig Karlsson perceberam que todas as suas previsões de ruína na Ásia haviam se provado erradas e que a vida das pessoas estava melhorando em escala maciça. Mas, fascinantemente, as pessoas que visitavam nem sempre pensavam assim. Na década de 1990, a mulher indiana Satto reclamou que a vida agora era mais difícil e que ela tinha de trabalhar duro pelos filhos. A infância fora muito mais fácil: ela simplesmente brincava o dia todo.

"Pensei sobre o que as entrevistas diziam e sobre o que não diziam", escreveu Lasse Berg. "Se eu não tivesse estado lá antes, teria chegado à mesma óbvia conclusão de um jornalista após ouvir que tudo estava pior."[20] Mas Berg e Karlsson haviam estado lá duas décadas antes e podiam comparar o que ouviam com suas anotações sobre o que os habitantes do vilarejo haviam contado sobre opressão, analfabetismo e dificuldades de conseguir comida suficiente para a família. Satto não brincava todos os dias, conforme suas lembranças — ela trabalhava duro, nos campos, todos os dias.

Quando Berg retornou novamente em 2010, Satto estava mais feliz com o padrão de vida que sua família conquistara, mas — e isso é fascinante — disse não se lembrar das queixas durante a visita da

EPÍLOGO

década de 1990. Ela agora se lembrava de que a vida nos anos 1990 também fora boa.[21] Aparentemente, nunca é tarde demais para ter uma infância feliz.

O fato de que as coisas estão melhorando — em escala gigantesca — não garante progresso no futuro. Após anos de dinheiro fácil e financiamento das dívidas de empresas e governos, uma crise financeira de larga escala é possível quando chegar a hora de pagar a conta. O aquecimento global pode ameaçar ecossistemas e afetar a vida de milhões de pessoas. Uma guerra de grandes proporções entre os principais poderes pode ocorrer. Os terroristas podem causar imensa destruição se tiverem acesso a nossas tecnologias mais poderosas, mas também podem coordenar grande número de ataques menores à população civil. Acima de tudo, as pessoas, motivadas pelo medo, podem limitar a liberdade e a abertura de que o progresso depende.

Quando perguntam a Matt Ridley, autor de *O otimista racional*, com o que ele se preocupa, ele normalmente responde "superstição e burocracia", porque a superstição pode obstruir o acúmulo de conhecimento e a burocracia pode nos impedir de aplicá-lo em novas tecnologias e negócios.[22] Muitas das realizações descritas neste livro ainda podem ser obstruídas por essas forças. Quando assumem o poder, islamitas radicais impedem que meninas recebam educação e tentam reinstituir a escravidão. Um falso rumor, o de que a vacina é um complô ocidental para tornar os muçulmanos inférteis, trouxe a poliomielite de volta, que estava quase erradicada em vários países. Da mesma forma, a absurda ideia de que a vacina contra sarampo pode resultar em autismo resultou em um movimento antivacinação nos Estados Unidos e vários surtos dessa doença horrível.

As causas do progresso humano estão firmemente entrincheiradas — o desenvolvimento da ciência e da tecnologia, a expansão da cooperação e do comércio e a liberdade para agir a partir deles. Mas, historicamente, isso foi bloqueado e destruído por forças que não aceitam a mudança, ou porque a temem ou porque ela ameaça sua posição. Há mil anos, poucos teriam adivinhado que a Europa seria o lugar onde a Revolução Industrial e a revolução científica teriam início. Quando Carlos Magno recebeu um elaborado relógio do califa de Bagdá, em 797, não entendeu para que servia. Na época, os árabes estavam muito à frente da Europa em ciência e tecnologia e mantiveram a filosofia grega viva enquanto ela era praticamente esquecida no Ocidente.

Ao mesmo tempo, a dinastia Song governou uma China econômica e culturalmente florescente. O Estado de direito e um nível mais alto de liberdade econômica resultaram em um clima de inovação. Os chineses usavam tipos móveis, pólvora e compasso — as três invenções que Francis Bacon viu como as mais importantes para o mundo em 1620.

Mas a dinastia Ming, que assumiu o poder no século XIV, era hostil à tecnologia e aos estrangeiros. Transformou a navegação oceânica em ofensa capital e queimou os grandes navios que poderiam ter descoberto o mundo. Similarmente, o mundo islâmico se voltou para si mesmo após as invasões mongóis no século XIII, purgando muitas das ideias da ciência e da modernização. No Império Otomano, a nova tecnologia foi obstruída, a prensa tipográfica foi retardada em trezentos anos e o moderno observatório de Istambul, de Taqi ad-Din, construído em 1577, só permaneceu em pé durante três anos, antes de ser destruído por espionar Deus.

Isso não significa que as potências europeias eram melhores. As elites também se opunham às novas ideias e às inovações, mas o continente era fragmentado demais — geográfica, política e linguisticamente — para que um grupo ou imperador controlasse tudo. Em seu livro *O milagre europeu*, o historiador econômico Eric Jones explica que, no século XIV, havia mil unidades políticas diferentes na Europa e, de certa maneira, esse pluralismo ainda estava em vigor

EPÍLOGO

quando instituímos um sistema de estados-nação rivais.[23] Novas teorias, invenções e modelos de negócio sempre podiam sobreviver em algum lugar e provar seu valor, até que fossem copiados por outros e vencessem a parada. O progresso sempre recebeu uma corda de salvamento.

Assim, não foram pensadores, inventores ou negócios superiores que tornaram a Europa rica, mas o fato de que as elites europeias foram menos bem-sucedidas em obstruí-los. Ideias, tecnologias e capital podiam se mover entre diferentes Estados, que eram forçados a competir e aprender uns com os outros, e assim empurrar uns aos outros para a modernização. Foi algo similar à nossa era da globalização. Mais países, em mais lugares, agora têm acesso à soma do conhecimento humano e estão abertos às melhores inovações de outros lugares. Em um mundo assim, o progresso já não depende dos caprichos de um imperador. Se o progresso for bloqueado em um lugar, muitos outros continuarão a jornada da humanidade.

Mesmo que riquezas e vidas humanas possam ser destruídas, o conhecimento raramente desaparece. Ele continua a crescer. Assim, é improvável que qualquer tipo de recuo possa arruinar totalmente o progresso humano. Mas o progresso não é automático. Todo o progresso registrado neste livro é resultado de muitas pessoas que trabalham duro, cientistas, inovadores e empreendedores com ideias novas e estranhas, e indivíduos corajosos que lutaram pela liberdade de fazer coisas novas, de novas maneiras. Para que o progresso possa continuar, eu e você também teremos de conduzir essa tocha.

Notas

Introdução: Os bons e velhos tempos são agora

1. Julian Simon, *The Ultimate Resource 2*. Princeton, NJ: Princeton University Press, 1996, p. 17.
2. Studio Ett, Rádio Pública Sueca, 2 de fevereiro de 2016.
3. Anders Bolling, *Apokalypsens gosiga mörker*. Estocolmo: Bonniers, 2009, p. 15.
4. "Hearing to receive testimony on the impacts of sequestration and/ or full-year continuing resolution of the Department of Defense." US Senate, Commitee on Armed Services, Washington DC, 12 de fevereiro de 2013.< http://www.armed-services.senate.gov/imo/media/doc/13-03%20-%202-12-13.pdf> (acessado em 12 de abril de 2016).
5. "Pope criticizes globalization, denies he is Marxist", *TeleSUR*, 11 de janeiro de 2015. <http://www.telesurtv.net/english/news/Pope-Criticizes-Globalization-Denies-he-is-Marxist-20150111-0015.html> (acessado em 12 de abril de 2016).
6. Suzanne Goldenberg, "Naomi Klein: 'We tried it your way and we don't have another decade to waste'", *Guardian*, 14 de setembro de 2015, <http://www.theguardian.com/books/2014/sep/14/naomi-klein-interview-capitalism-vs-the-climate> (acessado em 12 de abril de 2016).

PROGRESSO

7. John Gray, *Heresies: Against Progress and Other Illusions*. Londres: Granta UK, 2004, p. 32.

8. Angus Maddison, *The World Economy: Historical Statistics*. Paris: OCDE, 2003, p. 262.

1. Alimentação

1. Jonathan Swift, *Gulliver's Travels*. Londres: J. Walker, 1819, p. 148.

2. Christer Byström. "Nödår", seção de "Sidensjös historia fore år 1900", <http://web.comhem.se/chby/sidensjo/sidensjo.htm> (acessado em 12 de abril de 2016).

3. FAO. *The State of Food and Agriculture 1947*. Genebra: FAO, 1947; FAO. *Summary of Food and Agricultural Statistics 2003*. Roma: FAO, 2003; FAO. *The State of Food Insecurity in the World 2015*. Roma: FAO, 2015.

4. Fernand Braudel, *The Structures of Everyday Life: Civilization & Capitalism 15th–18th Century*, v. 1. Londres: Phoenix Press, 2002, p. 73ff.

5. Braudel, 2002, p. 78.

6. Braudel, 2002, p. 78.

7. Braudel, 2002, p. 77f.

8. Birgitta Conradson e Jane Fredlund, "Köket förr i tiden: teknik i köket", <www.ur.se/sundsvall/spring13a.html> (acessado em 21 de novembro de 2002).

9. Gabriele Doblhammer e James W. Vaupel. "Lifespan depends on month of birth." *Proceedings of the National Academy of Sciences of the United States*, 98, 5 (2001), 2934–9.

10. Braudel, 2002, p. 74. Robert William Fogel. *The Escape From Hunger and Premature Death, 1700–2100: Europe, America, and the Third World*. Cambridge: Cambridge University Press, 2004, p. 9.

11. Angus Deaton. *The Great Escape: Health, Wealth and the Origins of Inequality*. Princeton, NJ: Princeton University Press, 2013, p. 92.

12. Fogel, 2004, p. 33.

NOTAS

13. Matt Ridley. *The Rational Optimist: How Prosperity Evolves*. Londres: Fourth Estate, 2010, p. 6f.

14. Max Roser. "Food per person" (2015). *OurWorldInData.org*, <http://ourworldindata.org/data/food-agriculture/food-per-person/> (acessado em 21 de março de 2016).

15. Rebecca Onion. "A post-World War I 'Hunger Map of Europe', aimed at the hearts of American kids." *The Vault, Slate*, 31 de julho de 2014, <http://www.slate.com/blogs/the_vault/2014/07/31/history_of_famine_in_europe_after_wwi_a_hunger_map_for_american_kids.html> (acessado em 21 de março de 2016).

16. United States Food Administration. *Food Saving and Sharing*. Washington DC: Govt. Printing Office, 1918, pp. ii, 92.

17. Vaclav Smil, *Enriching the Earth: Fritz Haber, Carl Bosch, and the Transformation of World Food Production*. Cambridge, MA: MIT Press, 2004, p. xiii.

18. Peter Herrlich, "The responsibility of the scientist". *EMBO Reports*, 14, 9 (setembro de 2013), 758–64.

19. Torbjörn Fagerström, "Den värdefulla rätten att mjölka en kossa". *Dagens Nyheter*, 18 de março de 2013.

20. Fogel, 2004, p. 90.

21. Deaton, 2013, p. 158.

22. Max Roser, "Fertility rates" (2015). *OurWorldInData.org*, <http://ourworldindata.org/data/population-growth-vital-statistics/fertility-rates/> (acessado em 21 de março de 2016).

23. Paul Ehrlich, *The Population Bomb*. Nova York: Ballantine Books, p. 11.

24. William e Paul Paddock, *Famine 1975*. Boston: Little, Brown & Co, 1968, p. 8.

25. Muito do que se segue é baseado em Gregg Easterbrook. "Forgotten benefactor of humanity." *Atlantic*, 270, 1 (1997), 75–82.

26. "Crops supply per person per day." *Human Progress*, <http://human-progress.org/f1/2126> (acessado em 21 de março de 2016); "World agricultural price (Grilli-Yang) index", *Human Progress*, <http://humanprogress.org/static/3020> (acessado em 21 de março de 2016).

PROGRESSO

27. FAO, 1947.
28. J. L. van Zanden et al. (orgs.). *How Was Life? Global Well-Being since 1820*. OECD Publishing, 2014, doi: 10.1787/9789264214262-en, capítulo 7.
29. K. von Grebmer, J. Bernstein, A. de Waal, N. Prasai, S. Yin e Y. Yohannes, *2015 Global Hunger Index: Armed Conflict and the Challenge of Hunger*. Bonn, Washington, DC e Dublin: Welthungerhilfe, International Food Policy Research Institute, and Concern Worldwide, 2015.
30. Bjorn Lomborg (org.). *How Much have Global Problems Cost the World?: A Scorecard from 1900 to 2050*. Cambridge: Cambridge University Press, 2013.
31. Jesse Ausubel. "Peak farmland", palestra no Simpósio em Homenagem a Paul Demeny. Nova York, 16 de dezembro de 2012.
32. Citado em Jim Prevor. "Feeding the world in 2050", *American Food and Ag Exporter* (outono de 2009), 10–4, p. 14.
33. Easterbrook, 1997.
34. "Total fertility." United Nations Population Division, baixado em 31 de outubro de 2015. United Nations, Department of Economic and Social Affairs, Population Division, "World Fertility Patterns 2015 — Data Booklet" (ST/ESA/ SER.A/370) (2015).
35. Von Grebmer et al., 2015.
36. Jang Jin-sung, *Dear Leader: My Escape from North Korea*. Nova York: Simon & Schuster, 2015, p. 237f.
37. Von Grebmer et al., 2015.
38. Amartya Sen, *Development as Freedom*. Nova York: Anchor Books, 1999, capítulo 7.
39. Kate Xiao Zhou. *How the Farmers Changed China: Power of the People*. Boulder: Westview Press, 1996, p. 56.
40. "Xiaogang Village, birthplace of rural reform, moves on", *China Development Gateway*, 16 de dezembro de 2008, <http://en.chinagate.cn/features/rural_poverty/2008-12/16/content_16966805.htm> (acessado em 21 de março de 2016).

NOTAS

2. Saneamento

1. G. K. Chesterton, *The Man Who Was Thursday*. Nova York: Barnes & Noble, 2004, p. 5.
2. Ann Lindstrand, Staffan Bergström, Hans Rosling, Birgitta Rubenson, Bo Stenson e Thorild Tylleskär, *Global Health: An Introductory Textbook*. Lund: Studentlitteratur, 2006, p. 77.
3. OMS. *The World Health Report 1995: Bridging the Future*. Genebra: OMS, 1995; OMS e UNICEF. *Progress on Sanitation and Drinking Water: 2015 Update and MDG Assessment*. Genebra: OMS e UNICEF, 2015.
4. Citado em Rose George, *The Big Necessity: Adventures in the World of Human Waste*. Londres: Portobello, edição em brochura, 2009, p. 86.
5. Claire Tomalin, *Samuel Pepys: The Unequalled Self*. Londres: Penguin Books, 2003, p. 5.
6. Otto L. Bettman, *The Good Old Days: They Were Terrible*. Nova York: Random House, 1974, p. 35.
7. Bill Emmott, *20/21 Vision: The Lessons of the 20th Century for the 21st*. Londres: Penguin, 2004, p. 257f.
8. Per-Anders Fogelström, *Ladugårdslandet som blev Östermalm*. Estocolmo: Billbergs, 1964, p. 18.
9. Deaton 2013, p. 95.
10. First Reading, HC Deb 15 July 1858 vol. 151 cc1508–40, <http:// hansard.millbanksystems.com/commons/1858/jul/15/first- -reading#S3V0151P0_18580715_HOC_123> (acessado em 21 de março de 2016).
11. David Cutler e Grant Miller, 'The role of public health improvements in health advances: the 20th century United States'. Working Paper 10511, National Bureau of Economic Research, maio de 2004.
12. OMS e UNICEF, 2015. O número de 1980 veio de OMS, 1995.
13. Fredrik Segerfeldt, *Water for Sale: How Business and the Market Can Resolve the World's Water Crisis*. Washington DC: Cato Institute, 2005, p. 13f.

PROGRESSO

14. UNDP. *Human Development Report 2006: Beyond Scarcity: Power, Poverty and the Global Water Crisis.* Nova York: UNDP, 2006, p. 14.
15. UNDP, 2006, p. 47.
16. Adelaide Lusambili. "'It is our dirty little secret': an ethnographic study of the flying toilets in Kibera Slums, Nairobi", STEPS Working Paper 44. Brighton: STEPS Centre, 2011, p. 12.
17. OMS e UNICEF, 2015.

3. Expectativa de vida

1. M. C. Buer, *Health, Wealth and Population in the Early Days of the Industrial Revolution.* Abingdon: Routledge, 2013, p. 88.
2. Rosemay Horrox, *The Black Death.* Manchester: Manchester University Press, 1994, p. 65.
3. Horrox, 1994, p. 82ff.
4. Max Roser, "Life expectancy" (2016), *OurWorldInData.org,* <http://ourworldindata.org/data/population-growth-vital-statistics/life-expectancy/> (acessado em 21 de março de 2016).
5. Braudel, 2002, p. 85.
6. Deaton, 2013, p. 77.
7. Abdel R. Omran, "The epidemiologic transition: a theory of the epidemiology of population change", *Milbank Quarterly,* 83, 4 (2005), 731–57.
8. Oskar Burgera, Annette Baudischa e James W. Vaupel, "Human mortality improvement in evolutionary context". *Proceedings of the National Academy of Sciences of the United States of America,* 109, 44 (2012), 18210–4.
9. Max Roser, "Child mortality" (2015). *OurWorldInData.org,* <http://ourworldindata.org/data/population-growth-vital-statistics/child- mortality/> (acessado em 21 de março de 2016).
10. Fogel, 2004, p. 110f.
11. Omran, 2005.
12. Deaton, 2013, p. 84f.

NOTAS

13. Max Roser, "Maternal mortality" (2015). *OurWorldInData.org*, <http://our worldindata.org/data/health/maternal-mortality/> (acessado em 21 de março de 2015); World Bank, "World Development Indicators 2015", 1° de dezembro de 2015, <http://data.worldbank. org/data-catalog/world-development-indicators> (acessado em 12 de abril de 2015).

14. Carlo A. Corsini e Pier Paolo Viazzo (orgs.), *The Decline of Infant Mortality in Europe 1800–1950: Four National Case Studies.* Florença: UNICEF, 1993.

15. Charles Kenny, *Getting Better, Why Global Development Is Succeeding — and How We Can Improve the World Even More.* Nova York: Basic Books, 2012, p. 12.

16. OMS, *The Global Eradication of Smallpox: Final Report of the Global Commission for the Certification of Smallpox Eradication.* Genebra: OMS, 1980.

17. OMS, *World Malaria Report 2015.* Genebra: OMS, 2015.

18. Deaton, 2013, p. 151.

19. UNAIDS. 'Fact Sheet 2015', 2015, <http://www.unaids.org/sites/default/files/media_asset/20150901_FactSheet_2015_en.pdf> (acessado em 12 de abril de 2016); Deaton, 2013, p. 151.

20. Banco Mundial, "World Development Indicators 2015".

21. Banco Mundial, "World Development Indicators 2015"; United Nations. *The Millennium Development Goals Report.* Nova York: United Nations, 2015, p. 5.

22. Joshua Nalibow Ruxin, "Magic bullet: the history of oral rehydration therapy", *Medical History*, 38 (1994), 363–97.

23. David E. Bloom, "7 billion and counting". *Science*, 333 (2011), 562–9.

24. Kenny, 2012, capítulo 6.

25. William Easterly, "Life during growth". *Journal of Economic Growth*, 4, 3 (1999), 239–76.

26. Ronald Bailey, *The End of Doom: Environmental Renewal in the Twenty-First Century.* Nova York: St Martin's Press, 2015, capítulo 4; "More than 1.5 million cancer deaths averted in last two decades".

CBS News, 31 de dezembro de 2014, <http://www.cbsnews.com/news/more-than-1-million-cancer-deaths-averted-in-last-two-decades> (acessado em 21 de março de 2016).

27. Banco Mundial, "World Development Indicators 2015".
28. Em 2013, era 86,6 anos.
29. Jim Oeppen e James W. Vaupel, "Broken limits to life expectancy". *Science*, 296, 5579 (2002), 1029–31.
30. Deaton, 2013, p. 149.

4. Pobreza

1. Jane Jacobs, *The Economy of Cities*. Nova York: Random House, 1969, p. 121.
2. Braudel, 2002, p. 283.
3. Maddison, 2003, p. 262.
4. François Bourguignon e Christian Morrisson, "Inequality among world citizens: 1820–1992". *American Economic Review*, 92, 4 (2002), 727–44; Banco Mundial, *PovcalNet*, <http://iresearch.worldbank.org/PovcalNet>; Marcio Cruz, James Foster, Bryce Quillin e Philip Schellekens, "Ending extreme poverty and sharing prosperity: progress and policies", Policy Research Note n. 3, outubro de 2015.
5. Martin Ravallion, "Poverty in the rich world when it was not nearly so rich" (2014), post de blog, Center for Global Development, Washington DC, <http://www.cgdev.org/blog/poverty-rich-world-when-it-was-not--nearly-so-rich> (acessado em 12 de abril de 2016).
6. Fogel, 2004, p. 41.
7. Adam Smith, *An Inquiry Into the Nature and Causes of the Wealth of Nations*. Glasgow Edition of the Works and Correspondence of Adam Smith. Indianapolis: Liberty Fund, 1981, capítulo 8.
8. Peter Lindert e Jeffrey Williamson. "English workers' living standards during the Industrial Revolution: a new look." In: Joel Mokyr (org.), *The Economics of the Industrial Revolution*. Londres: Allen & Unwin, 1985.

NOTAS

9. Fogel, 2004, p. 38.
10. Banco Mundial, *World Development Report 1997: The State in a Changing World*. Washington DC: World Bank Group, 1997.
11. Lasse Berg, *Ut ur Kalahari: Drömmen om det goda livet*. Estocolmo: Ordfront, 2014, p. 63.
12. Berg 2014, p. 60. Seu primeiro retorno foi descrito em Lasse Berg e Stig Karlsson, *I Asiens tid: Indien, Kina, Japan*. Estocolmo: Ordfront, 2000.
13. Swaminathan S. Anklesaria Aiyar, "Capitalism's assault on the Indian caste system". *Cato Policy Analysis*, 776, 21 de julho de 2015, p. 12.
14. Banco Mundial, "Voices of the poor", <http://web.worldbank.org/WEBSITE/EXTERNAL/TOPICS/EXTPOVERTY/0,contentMDK:20622514~menuPK:336998~pagePK:148956~piPK:216618~theSitePK:336992,00.html> (acessado em 16 de abril de 2016), p. 41.
15. "What the poor say", Washington DC: Grupo Banco Mundial, maio de 2001, <http://siteresources.worldbank.org/INTPOVERTY/Resources/poor.pdf> (acessado em 12 de abril de 2016).
16. Lant Pritchett, "Divergence, big time". *Journal of Economic Perspectives*, 11, 3 (1997), 3–17, p. 3.
17. Arvind Subramanian e Martin Kessler, "The hyperglobalization of trade and its future". Working Paper 3, Global Citizen Foundation, 2013.
18. Peter Hartcher, "Tipping point from West to rest just passed". *Sydney Morning Herald*, 17 de abril de 2012.
19. Bourguignon e Morrisson 2002.
20. John Rawls, *A Theory of Justice*. Oxford: Oxford University Press, 1973; ver a aplicação disso em Bjørn Lomborg. *The Skeptical Environmentalist: Measuring the Real State of the World*. Cambridge: Cambridge University Press, 2001, p. 64.
21. Max Roser, "World poverty" (2016). *OurWorldInData.org*, <http://our worldindata.org/data/growth-and-distribution-of-prosperity/world--poverty/> (acessado em 21 de março de 2016).
22. David Dollar, Tatjana Kleineberg e Aart Kraay, "Growth still is good for the poor". Working Paper 596, Luxembourg Income Study, Cross--National Data Center in Luxembourg, 2013, p. 17.

23. UN-HABITAT, *State of the World's Cities 2012/13: Prosperity of Cities*. Nairobi: UN-HABITAT, 2012, p. 126; United Nations, The Millennium Development Goals Report 2015, p. 60.

24. Banco Mundial. *A Measured Approach to Ending Poverty and Boosting Shared Prosperity: Concepts, Data, and the Twin Goals*. Washington, DC: World Bank Group, 2015, p. 44ff.

25. Tomáš Hellebrandt e Paolo Mauro, 'The future of worldwide income distribution'. Working Paper 15–7, Peterson Institute for International Economics, 2015.

5. Violência

1. Henry Maine, *International Law: A Series of Lectures Delivered Before the University of Cambridge*. H. Holt, 1887, p. 8.

2. Steven Pinker. *The Better Angels of Our Nature: The Decline of Violence in History and Its Causes*. Londres: Allen Lane, 2011, p. xxi.

3. P. Davies, L. Lee, A. Fox e E. Fox, "Could nursery rhymes cause violent behaviour: a comparison with television viewing". *Archives of Diseases in Childhood*, 89 (2004), 1103–5.

4. Manuel Eisner, "Long-term historical trends in violent crime". *Crime and Justice*, 30 (2003), 83–142.

5. Pinker, 2011, p. 132.

6. Pinker, 2011, p. 52f.

7. Eisner, 2003.

8. Barbara Tuchman, *A Distant Mirror: The Calamitous 14th Century*. Nova York: Random House, 2011, p. 135.

9. Eisner, 2003.

10. Jan Philipp Reemtsma, *Trust and Violence: An Essay on a Modern Relationship*. Princeton: Princeton University Press, 2012, p. 118.

11. Pinker, 2011, p. 81.

12. Pinker, 2011, p. 159.

13. Matthew White, *The Great Big Book of Horrible Things: The Definitive Chronicle of History's 100 Worst Atrocities*. Nova York: W. W. Norton & Company, p. 93.

NOTAS

14. Peter Brecke, "Conflict catalog (violent conflicts 1400 ad to the present in different regions of the world)". <http://www.cgeh.nl/data#conflict> (acessado em 15 de abril de 2016).

15. Pinker, 2011, p. 231.

16. Pinker, 2011, p. 232.

17. C. V. Wedgwood, *The Thirty Years' War*. Nova York: New York Review Books Classic, 2005, p. 14f.

18. John Mueller, *Retreat from Doomsday: The Obsolescence of Major War*. Nova York: Basic Books, 2001, p. 18.

19. Pinker, 2011, p. 224ff.

20. Mueller, 2001, p. 5.

21. Max Roser, "War and Peace after 1945" (2015). *OurWorldInData. org*, <http://ourworldindata.org/data/war-peace/war-and-peace-after-1945/> (acessado em 22 de março de 2016).

22. *Human Security Report 2005*. Nova York: Oxford University Press, 2005, p. 75.

23. Frank Chalk e Kurt Jonassohn, *The History and Sociology of Genocide: Analyses and Case Studies*. New Haven: Yale University Press, 1990, pp. xvii, 58.

24. *Human Security Report 2013*. Vancouver: Human Security Press, 2014.

25. OMS, "European Detailed Mortality Database", <http://data.euro. who.int/dmdb/> (acessado em 22 de março de 2016).

26. Audrey Cronin, *How Terrorism Ends: Understanding the Decline and Demise of Terrorist Campaigns*. Princeton: Princeton University Press, 2009, p. 114.

27. Norman Angell, *The Great Illusion*. Nova York: Cosimo Classics, 2007.

28. Bruce M. Russek e John R. Oneal, *Triangulating Peace: Democracy, Interdependence, and International Organizations*. Nova York: W. W. Norton & Company, 2001; Ludwig von Mises. *Human Action: A Treatise on Economics*, 3ª edição revisada. Chicago: Contemporary Books, 1966, seção 6.XXXIV.29.

6. Meio ambiente

1. "Indira Gandhi's address", *The Times of India*, 15 de junho de 1972.
2. John Nielsen, "The killer fog of '52", NPR, 11 de dezembro de 2002, <http://www.npr.org/templates/story/story.php?storyId=873954> (acessado em 22 de março de 2016).
3. Michelle L. Bell, Devra L. Davis e Tony Fletcher, "A retrospective assessment of mortality from the London smog episode of 1952: the role of inflenza and pollution". *Environmental Health Perspectives*. Janeiro, 2004; 112(1): 6–8.
4. Departamento de Meio Ambiente, Alimentos e Assuntos Agrícolas dos Estados Unidos. "Emissions of air pollutants in the UK, 1970–2013", 18 de dezembro de 2014.
5. Donella H. Meadows, Dennis L. Meadows, Jørgen Randers e William W. Behrens III, *The Limits to Growth*. Washington DC: Potomac Associates, 1972, p. 71.
6. Agência de Proteção Ambiental dos Estados Unidos. "Air quality trends", <http://www3.epa.gov/airtrends/aqtrends.html> (acessado em 22 de março de 2016); Departamento de Meio Ambiente, Alimentos e Assuntos Agrícolas dos Estados Unidos, 2014.
7. Departamento de Meio Ambiente, Alimentos e Assuntos Agrícolas dos Estados Unidos, 2014.
8. Lomborg, 2001, p. 164f.
9. Mattias Svensson, *Miljöpolitik för moderater.* Estocolmo: Fores, 2015, p. 26.
10. International Tanker Owners Pollution Federation Limited, "Oil tanker spill statistics 2014" (2015). <http://www.itopf.com/fileadmin/data/Documents/Company_Lit/Oil_Spill_Stats_2014FINALlowres.pdf> (acessado em 12 de abril de 2016).
11. Agência Europeia do Ambiente, "Exposure of ecosystems to acidification, eutrophication and ozone", 27 de novembro de 2015, <http://www.eea.europa.eu/data-and-maps/indicators/exposure-of-ecosystems--to-acidification-3/assessment-1> (acessado em 22 de março de 2016).

NOTAS

12. Forest Europe, *State of Europe's Forests 2015*. Madri: Ministerial Conference on the Protection of Forests in Europe, 2015; FAO, *Global Forest Resource Assessment 2015*. Roma: FAO, 2015; Brad Plumer. "Brazil's recent fight against deforestation has been a huge success", *Vox*, 14 de junho de 2015.

13. Ausubel, 2012, p. 2.

14. Bailey, 2015, capítulo 7.

15. Maria Dornelas, Nicholas J. Gotelli, Brian McGill, Hideyasu Shimadzu, Faye Moyes, Caya Sievers e Anne E. Magurran, "Assemblage time series reveal biodiversity change but not systematic loss", *Science*, 344.6181, 18 de abril de 2014, pp. 296, 298.

16. O índice foi desenvolvido pelo Yale Center for Environmental Law and Policy e pelo Center for International Earth Science Information Network, da Universidade de Columbia.

17. A. Hsu, J. Emerson, M. Levy, A. de Sherbinin, L. Johnson, O. Malik, J. Schwartz e M. Jaiteh, *The 2014 Environmental Performance Index*. New Haven, CT: Yale Center for Environmental Law & Policy, 2014.

18. Lance A. Ealey e Glenn A. Mercer, "Tomorrow's cars, today's engines". *McKinsey Quarterly*, 3 (2002).

19. Bailey 2015, p. 115f.

20. Bailey 2015, capítulo 4.

21. US Geological Survey, *Mineral Commodity Summaries 2015*. Washington DC: US Geological Survey, 2015, <http://dx.doi.org/10.3133/70140094>, p. 191.

22. Blake Clayton, *Market Madness: A Century of Oil Panics, Crises, and Crashes*. Oxford: Oxford University Press, 2015, p. 17f.

23. Environmental Performance Index 2006.

24. Indur M. Goklany, *The Improving State of the World: Why We're Living Longer, Healthier, More Comfortable Lives on a Cleaner Planet*. Washington, DC: Cato Institute, 2007, p. 149f.

25. Bishwa S. Koirala, Hui Li e Robert P. Berrens, "Further investigation of environmental Kuznets curve studies using meta-analysis". *International Journal of Ecological Economics and Statistics*, 22, S11 (2011).

26. Indur Goklany, "Deaths and death rates from extreme weather events: 1900–2008". *Journal of American Physicians and Surgeons*, 14, 4 (2009), 102–9.

27. Todd Moss and Benjamin Leo, "Maximizing access to energy: estimates of access and generation for the overseas private investment corporation's portfolio". Center for Global Development, janeiro de 2014, <www.cgdev.org/publication/maximizing-access-energy-estimates-access-and-generation-overseas-private-investment> (acessado em 22 de março de 2016).

28. Bailey, 2015, p. 200.

29. Lindstrand et al., 2006, p. 70. Na verdade, a mortalidade infantil na Bósnia e na Croácia caiu em cerca de um quarto durante os anos da guerra.

30. Goklany, 2009.

31. Peter H. Diamandis e Steven Kotler, *Abundance: The Future is Better Than You Think*. Nova York: Free Press, 2012, p. 169.

7. Alfabetização

1. Plutarch, *On Listening to Lectures*, 46 a.C., Seção 18.

2. Berg, 2014, p. 80.

3. OCDE, "World development of literacy and attainment of at least basic education, 1820–2010", statistical appendix to van Zanden et al. 2014, <http://dx.doi.org/10.1787/888933095666> (acessado em 21 de fevereiro de 2016).

4. Van Zanden et al., 2014, capítulo 5. Para uma história, ver UNESCO. *Literacy for Life, Global Monitoring Report 2006*. Paris: UNESCO, 2005, capítulo 8.

5. Derek Gillard, "Education in England: a brief history" (2011). <http:// www.educationengland.org.uk/history/chapter03> (acessado em 22 de março de 2016).

6. Erik Lidström, *Education Unchained: What It Takes to Restore Schools and Learning*. Lanham: Rowman & Littlefield, 2015, p. 63.

NOTAS

7. Van Zanden et al. 2014.
8. Van Zanden et al. 2014. A estimativa para 2015 é da UNESCO, "Education for All 2000–2015: Achievements and Challenges", EFA Global Monitoring Report 2015. Paris: UNESCO, 2015.
9. Kenny, 2012, p. 80.
10. Nações Unidas, 2015.
11. Kenny, 2012, p. 81.
12. Nações Unidas, 2015.
13. Kenny, 2012, p. 79; Nações Unidas, 2015.
14. UNESCO, 2005, p. 196f.
15. "Learning unleashed." *The Economist*, 1° de agosto de 2015.
16. Ibid.
17. James Tooley, *The Beautiful Tree: A Personal Journey into How the World's Poorest People Are Educating Themselves*. Washington DC: Cato Institute, 2009, pp. 174, 258–9.
18. Banco Mundial, "World Development Indicators 2015", exc. 1970.
19. Nações Unidas, 2015.
20. Frederick Douglass. *The Life and Times of Frederick Douglass*. North Chelmsford, MA: Courier Corporation, 2012, p. 141.
21. Douglass, 2012, capítulo 7.

8. Liberdade

1. Voltaire, *L'Ingénu*, 1767, capítulo 10.
2. Douglass, 2012, capítulo 7.
3. Robert Guest, *The Shackled Continent*. Londres: Pan Books 2005, p. 8.
4. Paul Petit, *Pax Romana*. Berkeley e Los Angeles: University of California Press, 1976, p. 162.
5. Michael Shermer, *The Moral Arc: How Science and Reason Lead Humanity Toward Truth, Justice, and Freedom*. Nova York: Henry Holt and Company, 2015, p. 194.
6. Shermer, 2015, p. 206.
7. Shermer, 2015, pp. 205f.

PROGRESSO

8. *The Papers of Thomas Jefferson*, v. 1, 1760–1776. Org. Julian P. Boyd. Princeton: Princeton University Press, 1950, p. 2430.

9. Tratado Geral, assinado no Congresso em Viena, 9 de junho de 1815, ato XV: "Declaração dos poderes sobre a abolição do comércio de escravos em 8 de fevereiro de 1815." Wikisource: <https://en.wikisource. org/wiki/Final_Act_of_the_Congress_of_Vienna/Act_XV> (acessado em 12 de abril de 2016).

10. Alexander Stephens, Cornerstone Speech, 21 de março de 1861. Wikisource: <https://en.wikisource.org/wiki/Cornerstone_Speech> (acessado em 12 de abril de 2016).

11. Manisha Sinha, *The Counterrevolution of Slavery: Politics and Ideology in Antebellum South Carolina*. Chapel Hill: University of North Carolina Press, 2000, p. 255f.

12. Shermer, 2015, p. 211.

13. John Mueller, *Capitalism, Democracy, and Ralph's Pretty Good Grocery*. Princeton: Princeton University Press, 2001, p. 214.

14. Freedom House. "Number and percentages of electoral democracies, FIW 1989–2015." https://freedomhouse.org/sites/default/files/Number%20 and%20Percentage%20of%20Electoral%20Democracy%2C%20 FIW%201989-2015.pdf (acessado em 22 de março de 2016).

15. Adam Przeworski, Michael E. Alvarez, Jose Antonio Cheibub e Fernando Limongi, *Democracy and Development: Political Institutions and Well-Being in the World, 1950–1990*. Cambridge: Cambridge University Press, 2000, p. 88.

16. Przeworski et al. 2000.

17. Pew Research Center. "The world's Muslims: religion, politics and society: survey topline results." Washington DC: Pew Research Center's Forum on Religion & Public Life, 2013.

18. Freedom House. "Global country status overview, FIW 1973–2015." <https://freedomhouse.org/sites/default/files/Global%20Country%20 Status%20Overview%2C%201973-2015.pdf> (acessado em 22 de março de 2016).

19. Freedom House, "Freedom of the press 2015". Washington DC: Freedom House, 2015, p. 8.

NOTAS

20. James Gwartney, Robert Lawson e Joshua Hall, *Economic Freedom of the World: 2015 Annual Report*. Vancouver: Fraser Institute, 2015.
21. Milton Friedman, "Economic freedom, human freedom, political freedom" (1991). Em Micheline Ishay (org.). *The Human Rights Reader: Major Political Essays, Speeches, and Documents from Ancient Times to the Present*. Taylor & Francis, 2007, p. 346.
22. Freedom House, "Freedom in the world 2015". Washington DC: Freedom House, 2015.

9. Igualdade

1. Charles Darwin, *The Descent of Man, and Selection in Relation to Sex*. Princeton: Princeton University Press, 2008, parte 1, p. 100.
2. Pinker 2011, p. 658.
3. Shermer 2015, p. 18.
4. John Locke. *A Letter Concerning Toleration*. Peterborough: Broadview Press, 2013, p. 85.
5. James R . Flynn. *What is Intelligence? Beyond the Flynn Effect*. Cambridge: Cambridge University Press, 1ª edição em brochura expandida, 2009, p. 18f.
6. Pinker 2011, p. 656.
7. Karl Marx e Friedrich Engels, "Manifesto of the Communist Party". In: Karl Marx e Friedrich Engels, *Basic Writings on Politics and Philosophy*. Londres: Fontana, 1984, p. 52.
8. Benjamin M. Friedman, *The Moral Consequences of Growth*. Nova York: Alfred A. Knopf, 2005.
9. Ronald Inglehart, *Modernization and Postmodernization: Cultural, Economic and Political Change in 43 Societies*. Princeton: Princeton University Press, 1997, p. 40.
10. Brink Lindsey. *The Age of Abundance: How Prosperity Transformed America's Politics and Culture*. Nova York: Collins, 2007, p. 104.
11. Abigail Thernstrom e Stephan Thernstrom, *America in Black and White: One Nation, Indivisible*. Nova York: Simon & Schuster, edição Touchstone, 1999, p. 31.

12. Pinker 2011, p. 390f.
13. "Trends in American values 1987–2012." The Pew Research Center, 4 de junho de 2012.
14. Victor Asal e Amy Pate, "The decline of ethnic political discrimination, 1950–2003". Em Monty G. Marshall e Ted Robert Gurr (org.), *Peace and Conjlict 2005*. College Park: Center for International Development & Conflict Management, University of Maryland, 2005, p. 38.
15. Margo Wilson e Martin Daly, "The man who mistook his wife for a chattel". In: J. H. Barkow, L. Cosmides e J. Tooby (org.), *The Adapted Mind. Evolutionary Psychology and the Generation of Culture*. Nova York: Oxford University Press, 1992.
16. Mary Wollstonecraft, *A Vindication of the Rights of Woman*. 3ª edição. Londres: J. Johnson, 1796, p. 90.
17. "Bolting among the ladies." *Oneida Whig*, 1º de agosto de 1848.
18. Nicola Lacey, Celia Wells e Oliver Quick, *Reconstructing Criminal Law: Text and Materials*. Cambridge: Cambridge University Press, 2003, p. 488.
19. Fórum Econômico Mundial. "Global gender gap report 2015". <http:// www.weforum.org/reports/global-gender-gap-report-2015> (acessado em 22 de março de 2016).
20. UNDP, *Human Development Report 2014*. Nova York: UNDP, 2014.
21. Pinker, 2011, p. 413.
22. Fundo das Nações Unidas para a Infância. *Female Genital Mutilation/ Cutting: What Might the Future Hold?* Nova York: UNICEF, 2014.
23. Pew Research Center, 2013.
24. Jean M. Twenge, "Attitudes toward women, 1970–1995: a meta--analysis". *Psychology of Women Quarterly*, 21, 1 (1997), 35–51.
25. Pinker, 2011, p. 408f.
26. Lillian Faderman, *The Gay Revolution: The Story of the Struggle*. Nova York: Simon and Schuster, 2015, p. 137.
27. Aaron Day, "The PinkNews guide to the history of England and Wales equal marriage", *PinkNews*, 15 de julho de 2013.
28. John D'Emilio. *Sexual Politics, Sexual Communities*. 2ª edição. Chicago: University of Chicago Press, 2012, p. 156.

NOTAS

29. Faderman, 2015.

30. "The gay divide", *The Economist*, 11 de outubro de 2014.

10. A próxima geração

1. Julian L. Simon (org.), *The State of Humanity*. Oxford e Cambridge: Blackwell, 1995, p. 27.

2. Eli F. Heckscher, *Industrialismen: Den ekonomiska utvecklingen sedan 1750*. 4ª edição. Estocolmo: Kooperativa Förbundets Bokförlag, 1948, p. 115.

3. OIT, *Economically Active Populations: Estimates and Projections, 1950–2010*. Genebra: OIT, 1996; OIT, *Marking Progress Against Child Labour: Global Estimates and Trends 2000–2012*. Genebra: OIT, 2013.

4. Martin Ravaillon, *Economics of Poverty: History, Measurement and Policy*. Nova York: Oxford University Press, 2016.

5. UNICEF, *Child Labour in Historical Perspective 1800–1985: Case Studies from Europe, Japan and Colombia*. Org. Hugh Cunningham e Pier Paolo Viazzo. Florença: UNICEF, 1996, p. 41.

6. Kaushik Basu, "Child labor: cause, consequence and cure, with remarks on international labor standards". *Journal of Economic Literature*, 37, 3 (1999), 1083-19.

7. Clark Nardinelli, *Child Labor and the Industrial Revolution*. Bloomington: Indiana University Press, 1990, p. 115.

8. OIT, UNICEF e Banco Mundial, "Understanding children's work in Vietnam: report on child labour", abril de 2009, <http://www.ucw--project.org/attachment/child_labour_Vietnam20110627_125424.pdf> (acessado em 12 de abril de 2016).

9. Eric V. Edmonds e Norbert Schady, "Poverty alleviation and child labor". Working Paper 15345, National Bureau of Economic Research, 2009.

10. Eric Edmonds e Nina Pavcnik, "Child labor in the global economy". *Journal of Economic Perspectives*, 19, 1 (2005), 199–220; Eric

Edmonds, Nina Pavcnik e Petia Topalova, "Trade adjustment and human capital investments: evidence from Indian tariff reform". Working Paper 12884, National Bureau of Economic Research, 2007.

11. OIT, 1996.

12. OIT, 2013.

13. UNICEF, 1996, p. 52.

14. Ronald Inglehart, Roberto Foa, Christopher Peterson e Christian Welzel, "Development, freedom, and rising happiness: a global perspective (1981–2007)", *Association for Psychological Science*, 3, 4 (2008), 264–85, p. 264.

15. Herbert Spencer, "The Kantian idea of rights", apêndice 1 in *The Principles of Ethics*, v. II. Indianapolis: Liberty Fund, 1978.

16. Berg e Karlsson, 2000, p. 42.

Epílogo: Então por que você ainda não está convencido?

1. George Thomas White Patrick, "The new optimism". *Popular Science Monthly* (maio de 1913), p. 493.

2. Bailey, 2015, p. xvii.

3. Melanie Randle e Richard Eckersley, "Public perceptions of future threats to humanity and different societal responses: a cross-national study". *Futures*, 72 (2015), 4–16.

4. Johan Norberg, "Rubriker som gör oss rädda". Timbro, 2005.

5. Hans Rosling, "Highlights from Ignorance Survey in the UK", 3 de novembro de 2013, <http://www.gapminder.org/news/highlights-from--ignorance-survey-in-the-uk> (acessado em 22 de março de 2016); Gapminder, "The Ignorance Survey: United States", 2013, <http://www.gapminder.org/GapminderMedia/wp-uploads/Results-from-the--Ignorance-Survey-in-the-US.pdf> (acessado em 12 de abril de 2016).

6. Mark Crispin Miller, "It's a crime: the economic impact of the local TV news". Nova York: Project on Media Ownership, 1998.

7. Eric Weiner, *The Geography of Bliss: One Grump's Search for the Happiest Places in the World*. Nova York: Twelve, 2008, p. 1f.

NOTAS

8. "De roliga nyheterna minns man inte", *svt.se*, 26 de setembro de 2007, <http://www.svt.se/nyheter/inrikes/de-roliga-nyheterna-minns-man--inte> (acessado em 22 de março de 2016).

9. "Medierna i P1", Sveriges Radio, rádio pública sueca, transmissão em 7 de fevereiro de 2015.

10. "Fatal airliner hull loss accidents", Aviation Safety Network, <http://aviation-safety.net/statistics/period/stats.php?cat=A1> (acessado em 22 de março de 2016).

11. Ed Cumming, "The scientists with reason to be cheerful". *The Guardian*, 15 de novembro de 2015.

12. Martin I. Meltzer, Charisma Y. Atkins, Scott Santibanez, Barbara Knust, Brett W. Petersen, Elizabeth D. Ervin, Stuart T. Nichol, Inger K. Damon, Michael L. Washington, "Estimating the future number of cases in the Ebola epidemic — Liberia and Sierra Leone, 2014–2015". *Morbidity and Mortality Weekly Report Supplements*, 63, 3 (2014), 1-14.

13. "Predictions with a Purpose", *The Economist*, 7 de fevereiro de 2015.

14. *Strömstads Tidning*, 30 de junho de 2007.

15. Anders Bolling, *Apokalypsens gosiga mörker*. Estocolmo: Bonniers, 2009, p. 51.

16. Amos Tversky e Daniel Kahneman, "Availability: a heuristic for judging frequency and probability". *Cognitive Psychology*, 5, 2 (1973), 207–32.

17. Steven Pinker, "If everything is getting better, why are people so pessimistic?". *Cato Policy Report*, janeiro/fevereiro de 2015.

18. Roy F. Baumeister, Ellen Bratslavsky, Catrin Finkenauer e Kathleen D. Vohs, "Bad is stronger than good". *Review of General Psychology*, 5, 4 (2001), 323–70, p. 323f.

19. Arthur Herman, *The Idea of Decline in Western History*. Nova York: Free Press, 1997, capítulo 1.

20. Lasse Berg, *Ut ur Kalahari: Drömmen om det goda livet*. Estocolmo: Ordfront 2014, p. 81.

21. Berg, 2014, p. 91.

22. Matt Ridley, "World outlook: rosy, Europe outlook: awful". *The Times*, 2 de janeiro de 2013.

23. Eric Jones, *The European Miracle: Environments, Economies and Geopolitics in the History of Europe and Asia*. Cambridge: Cambridge University Press, 1987.

Agradecimentos

Várias pessoas me ajudaram a transformar neste livro minhas ideias sobre progresso. Sou muito grato a Jacob Lundberg, que me auxiliou a encontrar fontes e séries de dados difíceis de localizar. Mattias Bengtsson foi — como sempre — uma fonte de inspiração e apoio.

Meu agente Andrew Gordon me ajudou a desenvolver a ideia e me apoiou durante todo o processo. Meu editor na Oneworld, Alex Christofi, melhorou o manuscrito substancialmente e minha editora de copidesque, Kathleen McCully, providenciou todos os acréscimos e cortes de que o texto precisava.

Mesmo que às vezes eu me sinta assim, estou longe de ser o único otimista por aí. Desde que comecei a escrever sobre globalização e desenvolvimento, em 2001, tive a sorte de encontrar, conhecer e aprender com vários pensadores que defenderam incansavelmente que a humanidade soluciona mais problemas do que os cria, quando recebe liberdade para isso. Esse grupo inclui — mas está longe de ser limitado a — Ronald Bailey, Lasse Berg, Anders Bolling, Angus Deaton, Robert Fogel, Indur Goklany, Charles Kenny, Deepak Lal, Bjørn Lomborg, Deirdre McCloskey, Joel Mokyr, Steven Pinker, Matt Ridley, Max Roser, Hans Rosling, Michael Shermer e Marian Tupy.

E, acima de tudo, estou em dívida para com Julian Simon, o grande homem do otimismo sobre o desenvolvimento.

Seu denominador comum não é político ou mesmo filosófico, mas metodológico. Eles olham para o edifício todo, em vez de observar apenas um tijolo, e para longas séries de dados, em vez de casos anedóticos. Claro, é possível mentir com estatísticas, mas é mais fácil mentir sem elas.

Se estiver interessado em mais dados sobre o progresso do mundo, eu o convido a visitar e investigar os acessíveis bancos de dados que eles e outros compilaram, como gapminder.org, humanprogress.org, ourworldindata.org e os indicadores de desenvolvimento do Banco Mundial.

Minha mais profunda dívida de gratidão é para com minha esposa e musa, Frida. Ela me fornece tanto a harmonia quanto a energia de que preciso para meu trabalho — e razões para ansiar pelo futuro.

Índice

A *cabana do Pai Tomás* (Stowe), 174
abolicionismo, 150-1
aborto, 178
adultério, 173, 178
Afeganistão, 89, 106, 107, 140, 159
África do Sul, 157, 158
África Subsaariana, *ver* África
África, 34, 60, 158
  e água, 46-8
  e educação, 137-8
  e escravidão, 144, 146, 147-8, 149
  e HIV/aids, 66, 67
  e homossexualidade, 188
  e má nutrição, 31, 33-4
  e mulheres, 180
  e pobreza, 85-6
  e trabalho infantil, 193, 195
afro-americanos, 164, 168-70
agricultura, 23, 24-6, 27-9, 30, 31, 95
  e água, 46
  e crianças, 190-1

  e uso da terra, 32-3, 116
  e China, 36-8
água, 12, 39-40, 42-8, 55, 56-7, 196
Albert, príncipe consorte, 40
álcool, 39
Alemanha Oriental, 155
Alemanha, 118, 155-6, 184
alfabetização, 133-9, 141-2, 197
algas, 25
altura, 26, 31
América Latina, 154, 178, 188
amônia, 24, 25
ancilostomíase, 48
Angell, Norman, 108
Angola, 31, 89
antibióticos, 12, 58
antissemitismo, 164
apartheid, 157
Arábia Saudita, 178
áreas protegidas, 117
Argentina, 137

PROGRESSO

armas nucleares, 105, 109
arroz, 20, 29, 31
Asal, Victor, 171
Ásia, 73-6, 137, 188, 195
Auld, Hugh, 141, 142
Austrália, 118
Ausubel, Jesse, 116
autoritarismo, 159

Bacon, Francis, 214
Bailey, Ronald, 203
Bales, Kevin, 152
Banco Mundial, 79-80, 81, 87
Bangladesh, 45, 86, 121
banheiros voadores, 47
banhos, 42, 55
Basu, Kaushik, 139
Beccaria, Cesare, 99
Bentham, Jeremy, 173-4, 185
Berg, Lasse, 74-5, 133, 134, 201-2, 212
bezerro dourado, 153
Bíblia, 90-1, 92, 144, 184
biocombustíveis, 129
Blackstone, William, 185
Boko Haram, 152
Bolling, Anders, 209
Borlaug, Norman, 27-9, 33-4
Bosch, Carl, 24
Boschwitz, Rudy, 33
Bósnia, 107
Botsuana, 36
Brandt, Willy, 154
Brasil, 156
Braudel, Fernand, 19, 20, 69
bruxaria, 93

Bure, Anders, 136
Burger, Oskar, 53
burocracia, 213
Bush, George W., 187

caçadores-coletores, 94
calorias, 22, 26, 29-30
camada de ozônio, 114-5
Camarões, 31
Camboja, 46
Canadá, 110
câncer, 65, 119
canibalismo, 18, 20
capitalismo, 72-3
Carlos Magno, 214
Carta Magna, 153
Carter, Jimmy, 34
casamento entre pessoas do mesmo sexo, 187
cavaleiros, 93-4
Ceauşescu, Nicolae, 156
censura, 160
César, Júlio, 145
Chade, 89
Charta, 77, 154-5
Chile, 137, 157
China, 36-8, 116, 199, 214
  e escravidão, 152
  e governo, 157, 161
  e guerra, 100, 109
  e homossexualidade, 188
  e mulheres, 173, 178
  e pobreza, 73-4, 75-7, 86
  e poluição, 121, 122
  e trabalho infantil, 192

242

ÍNDICE

Churchill, Winston, 165

chuva ácida, 115

ciência, 64, 201, 213-4

Cingapura, 73, 76, 158

cirurgia, 52

civis, 106

cloro, 44

Clube de Roma, 114, 119, 120

códigos de honra, 97-8

coeficiente de Gini, 87

cólera, 40, 43-4, 53, 62, 197

colheita ruim, 17-8, 28

colheitadeiras, 25

colonialismo, 108, 165

combustíveis fósseis, 112

comércio, 23, 75, 102, 135, 167

comida, 12, 21-4, 26, 27, 29; ver também fome

comunismo, 35, 36, 38, 107, 155-7, 183

Condorcet, marquês de, 173

Congresso de Viena (1815), 149

conhecimento, 199-201, 213-5

contracepção, 178

Convenção Mundial contra a Escravidão, 175

Coreia do Norte, 35-6, 109, 161

Coreia do Sul, 74, 76, 157

crianças, 21, 22

  e educação, 137-8

  e má nutrição, 32

  e mortalidade, 40, 47, 53, 59, 60-1, 64

  e trabalho, 189-96

crime, 99, 205, 209

crimes de ódio, 171-2

Cronin, Audrey, 108

Cuba, 137

cultivo ver agricultura

dalits, 78-9, 133

Darwin, Charles, 53

de Gaulle, general Charles, 163

Deaton, Angus, 22, 60, 68

Declaração de Independência, 148-9

Defoe, Daniel, 191

democracia, 36, 109-10, 154-60

Dempsey, general Martin, 12

derramamentos de petróleo, 115

desastres naturais, 123-6

desflorestamento, 115-6

desidratação, 62

desigualdade de gênero, 179-80

desigualdade, 87, 179-80

diarreia, 40, 45, 62

Dickens, Charles, 174

Diderot, Denis, 147

Dinamarca, 110

dióxido de carbono, 123, 124, 131

direito ao voto, 154, 176-7, 178-9

direitos gays, 182-8

direitos humanos, 146

discriminação, 169-72, 174

disenteria, 48

Disraeli, Benjamin, 44

ditaduras, 154, 156-7, 158-9, 161

Divina Comédia (Dante), 184

divórcio, 177

doenças cardiovasculares, 65

Douglass, Frederick, 141-2, 143-4, 176

PROGRESSO

Dublin, Louis, 67
  e guerra, 109, 110
  e homossexualidade, 184, 185, 186
  e psicologia, 210-11

ebola, 60, 207-8
economia, 73-5, 84, 167-8
educação, 27, 46, 139-41, 174, 196; *ver também* alfabetização
efeito Flynn, 166-7
Egito, 137, 159
Eisenhower, Dwight D., 169, 183
Eisner, Manuel, 96
Ekman, Freddie, 206
Elizabeth I, rainha, 41, 42
energia nuclear, 128
energia renovável, 124
energia solar, 124, 129-30
energia, 126-31
Engels, Friedrich, 167
escolas particulares, 139
escravidão, 141-2, 143-52, 164, 174, 175, 197
  e tempos modernos, 152-3
esgotos, 41, 42-4, 47, 115
Espanha, 103, 146, 157, 159, 164
Estado Islâmico, 152
Estados berberes, 148
Estados Unidos da América, 109, 164-5
  e direitos civis, 168-71
  e direitos dos homossexuais, 182-4, 186-8
  e escravidão, 146, 148, 150-1
  e mulheres, 175-6, 177
estupro marital, 178, 180

Etiópia, 34
Europa, 214, 215
expectativa de vida, 14, 49, 52-5, 57-8, 62, 64-8
  e nutrição, 21
  e saneamento, 48
extinções, 116-7
extrema pobreza, 81-4, 85, 86-7

fascismo, 107
favelas, 46-7, 86
febre tifoide, 40, 48
felicidade, 198-9
feminismo, 174
ferrovia clandestina, 150
fertilizantes artificiais, 24-5, 28, 32-3, 112
Fitzhugh, George, 151
Fleming, Alexander, 58
floresta amazônica, 116
florestas, 115-6
fome, 17-20, 23, 24, 27, 35-7, 54, 196-7
forças policiais, 96
França, 19-20, 21-2, 50-1, 69-70, 163-4, 184-5
Francisco, papa, 12
Frederico II, imperador, 40
Free the Slaves, 152
Friedan, Betty, 184
Friedman, Benjamin, 168
Friedman, Milton, 162
Fundação Gates, 59, 128
Fundação Rotary, 59

Gandhi, Mahatma, 170
Garrison, William Lloyd, 150

244

ÍNDICE

gases de efeito estufa, 123
gasolina sem chumbo, 122
genocídio, 106-7
globalização, 14, 15, 52-3, 64, 80, 87-8, 215
Gorbachev, Mikhail, 155
governo, 96, 97; ver também democracia
Grã-Bretanha, 22, 118, 149, 192-4
grafeno, 129
Grande Ascensão, 73
"Grande Fedor, O", 44
Grande Nevoeiro, 111-2, 118
grandes potências, 104
Gray, John, 12
Grécia Antiga, 40, 52, 90, 145, 184
gripe espanhola, 66
gripe, 66
Guan Youjiang, 38
Guangdong, 76-7
Guerra da Coreia, 100, 104
Guerra de Independência Argelina, 100
Guerra do Vietnã, 106
Guerra dos Trinta Anos, 100, 102, 164
Guerra Fria, 105, 183
guerra química, 25
guerra, 29, 35, 89, 99-106, 108-10, 197
Guilherme II, kaiser, 109
Guiné Equatorial, 45

Haber, Fritz, 24, 25
Hagerup, Ulrik, 206
Haiti, 46, 64, 86, 118
Harrington, Sir John, 41
Harrison, Dick, 144

Havel, Václav, 155, 156
Helvétius, Claude Adrien, 173
Hesíodo, 211
higiene, 56, 57
Hilleman, Maurice, 61
Hitler, Adolf, 99, 100
HIV/aids, 60, 66, 67
Hobbes, Thomas, 211
Holocausto, 107, 172
homicídio, 91, 95, 96
homossexualidade, 182-8
Honecker, Erich, 155
Hong Kong, 73, 76
humanitarismo, 98
Hungria, 153, 155-6
Hutcheson, Francis, 143

Idade Média, 52, 92, 95-6, 173
igualdade, 147, 180, 188; ver também desigualdade
ilha Hans, 110
Iluminismo, 14, 23, 66, 98-9, 185
  e escravidão, 147
  e mulheres, 173
Império Otomano, 151-2, 214
Império Romano, 52, 91-2, 145, 184
inanição, 17-8, 35, 36
Índia, 20, 28-9, 36, 45, 46, 73-5
  e trabalho infantil, 192, 195
  e governo, 154, 158
  e alfabetização, 133-4, 137, 139
  e poluição, 121, 122
  e pobreza, 77-9, 86
  e escravidão, 149
  e guerra, 109

individualismo, 98
Inglehart, Ronald, 168
inoculação, 55-6
Inquisição espanhola, 93, 184
inteligência, 166
Iraque, 89, 107
irrigação, 28, 32, 46
islamitas, 213
Itália, 185, 192

Jang Jin-sung, 35
Japão, 31, 74, 181-2
japoneses americanos, 165
Jefferson, Thomas, 148, 149, 151
Jenner, Edward, 56
João, rei, 153
Johnson, Lyndon B., 170
Jorge V, rei, 109
judeus, 164

Kant, Immanuel, 200
Karlsson, Stig, 74, 133, 201-2, 212
Kenny, Charles, 138
Kibera, 46-7
King, Martin Luther, Jr., 169-70, 182
Klein, Naomi, 12
Ku Klux Klan, 165, 170

Las Casas, Bartolomé de, 146-7
Lecky, William E. H., 165
Lei da Sodomia (1533), 185
Lei do Ar Limpo (1956), 118
lei, 96, 97
Leis Fabris, 193
leis Jim Crow, 164

leite, 26
lepra, 65
liberdade de imprensa, 161
Liberdade Econômica do Mundo, 161
liberdade, 142, 160-1
Libéria, 118
Lincoln, Abraham, 151
Lipset, Seymour Martin, 158
Lister, Joseph Jackson, 56
literatura, 174
Locke, John, 153, 166, 192
Londres, 111-2, 114

má nutrição, 31, 32, 54
Mærsk Mc-Kinney Møller (navio de contêineres), 126
malária, 59
Malásia, 74
Malleus Maleficarum, 93
Malthus, reverendo Thomas Robert, 12–3, 27
Mandela, Nelson, 158
Mao Tsé-tung, 36, 99, 100, 161
Marx, Karl, 72-3, 167
más notícias, 205-10
Mattachine, Sociedade de, 182, 186
Mauritânia, 152
McCarthy, Joseph, 183
medicina, 12, 52, 55
meio ambiente, 33-4, 112-6, 117-20
  e clima, 123-4
  e energia, 126-31
  e pobreza, 121-2, 124-6
Melville, Herman, 174
mercantilismo, 71-2

ÍNDICE

México, 27-8, 156, 162
"miasma", 43, 52
micro-organismos, 56
mídia, 11-2, 14, 205-9
Mill, John Stuart, 174
minorias étnicas, 163-72
Moçambique, 31
monarquia, 96, 97-8, 153
mongóis, 100
Montagu, Lady Mary Wortley, 55
Montesquieu, 99
Mott, Lucretia, 175
movimento pelos direitos civis, 169-71
Moynihan, Daniel Patrick, 154
muçulmanos, 164, 171-2
mudança climática, 112, 123-5
Mueller, John, 102-3, 105
mulheres, 46-7, 67, 93-4
  e educação, 140, 141
  e direitos, 154, 172-82, 197-8
Muro de Berlim, 155-6
mutilação genital feminina, 180

Namíbia, 45
Napoleão Bonaparte, 101
nativos americanos, 165
nevoeiro, 111-2, 118, 121
Newton, Isaac, 201
Nichols, Jack, 182, 186
Nicolau II, tsar, 109
Nicolau V, papa, 146
Nigéria, 31, 86, 107, 162
nitrogênio, 24-5, 30, 33
nostalgia, 211-3
nutrição, 21-2, 26, 198

Obama, Barack, 187
obesidade, 27
Oeppen, Jim, 67
Omran, Abdel, 54
Oneal, John, 109-10
opressão, 159, 161
Organização das Nações Unidas para a
  Agricultura e a Alimentação (FAO),
  30-1
Organização das Nações Unidas, 104
Organização Internacional do Trabalho
  (OIT), 195
Organização Mundial da Saúde (OMS),
  40, 59, 66, 208
orgulho gay, 186
Oriente Médio, 109, 137, 180-1, 188,
  213-4
Österlund, Mikael, 206

padrões de vida, 13-4, 80, 197, 201
pandemias, 54, 66
Pankhurst, Emmeline, 177
Papua Nova Guiné, 45
Paquistão, 28-9, 45, 107, 109, 121
  e educação, 139, 140
Parks, Rosa, 169
parto, 14, 56, 57, 61, 196
Pasteur, Louis, 56
Pate, Amy, 171
Peel, Sir Robert, 96
pena de morte, 99, 185, 197
penicilina, 57-8, 59
Pepys, Samuel, 51
Peru, 31
peso ao nascer, 21

Peste Negra, 50
PIB (produto interno bruto), 31-2, 64, 70, 73, 80
Pinker, Steven, 90, 92, 95, 100, 103, 165
Pinochet, Augusto, 157
pirataria, 148
pobreza, 69-73, 79-85, 86-8
 e África, 85-6
 e China, 75-7
 e meio ambiente, 121-3, 124-7
 e Índia, 77-9
 e alfabetização, 134, 136, 138
 ver também extrema pobreza
poliomielite, 59, 213
Polônia, 154
poluição, 113, 114, 118, 121-2
Popper, Karl, 160
Prasad, Chandra Bhan, 79
pré-história, 52
Primavera Árabe, 158-9
Primeira Guerra Mundial, 24, 25, 104, 109
punição, 97, 99
Putin, Vladimir, 157

Quênia, 46-8

racismo, 163-5, 169-71
Rao, Madhusudan, 78-9
Rebelião de An Lushan, 100
recursos naturais, 119-21
Reivindicação dos direitos das mulheres (Wollstonecraft), 174
religião, 90-1, 92, 95-6, 101
 e intolerância, 164, 166

 e alfabetização, 135
 e terrorismo, 107
República Democrática do Congo, 36, 86
Revolução Americana, 153
Revolução Gloriosa, 153
Revolução Industrial, 12, 14, 72, 87-8
Revolução Verde, 27-30, 32, 33, 34
Richardson, Samuel, 174
riqueza, 64, 118, 158, 198
Romênia, 156
Roosevelt, Franklin D., 165
Roosevelt, Theodore, 165
Roser, Max, 207
Rousseau, Jean-Jacques, 174, 212
Ruanda, 46, 107
Rumbold, Richard, 147
Russett, Bruce, 109-10
Rússia, 67, 109, 151, 157, 159
 e homossexualidade, 188
 e mulheres, 178
 ver também União Soviética

sacrifício humano, 94
sal, 21
saneamento, 12, 40-1, 42-8, 55, 56, 197
sangrias, 52, 55
sarampo, 61-2, 196, 213
Sasakawa, Ryoichi, 34
segregação, 169, 170
Segunda Guerra Mundial, 100, 101, 104, 139, 163-4
sementes geneticamente modificadas, 33
Semmelweis, Ignaz, 56
Sen, Amartya, 36, 153

ÍNDICE

Shermer, Michael, 166
sífilis, 53
Simon, Julian, 120
Singh, Manmohan, 77
Síria, 89, 107
Sirota, Beate, 181-2
sistema de castas, 78-9
Smil, Vaclav, 24-5
Smith, Adam, 72, 147, 167
Snow, John 43-4
sodomia, 188
Solidariedade, 155
Somália, 36, 118, 138
Spencer, Herbert, 200
Sri Lanka, 89
Stalin, Joseph, 99, 100
Stanton, Elizabeth Cady, 175
Stephens, Alexander, 151
Stonewall Inn, 186
subnutrição, 19, 22, 30-1, 33
Sudão, 36, 118
Suécia, 12, 13, 14, 17-8, 21, 23
  e educação, 136, 140
  e meio ambiente, 118
  e guerra, 103
  e mulheres, 176
superstição, 213

Tailândia, 138-9, 155
Taiwan, 63, 73, 76, 157, 173
Talibã, 106, 140
Tamerlão, 100
Tâmisa, rio, 115
Tanzânia, 139
taxas de fertilidade, 26-7, 34, 63

taxas populacionais, 22-3, 27, 30-1, 62-3, 100-1
Tchecoslováquia, 155, 156
tecnologia, 118, 120-3, 127-8, 134-5, 199-200, 213-4
Tegnér, Esaias, 103
teoria dos germes, 56
terapia de reidratação oral, 62
TerraPower, 128-9
terrorismo, 89, 107-8, 109, 171
tétano, 59
Thoreau, Henry David, 170
tolerância, 166, 165
Tooley, James, 139
tortura, 92-3, 197
trabalho, 22, 73
trigo, 28-9
Truman, Harry S., 169
tuberculose, 51, 196
Turing, Alan, 184

União Americana pelas Liberdades Civis (ACLU), 183, 186
União Internacional para a Conservação da Natureza, 116
União Soviética, 154, 155, 156, 188
UNICEF, 59
urbanização, 78, 86, 116
uso da terra, 32
Uzbequistão, 152

vacinação, 56, 59-60, 61-2, 213
variedades de peixes, 116
varíola, 51, 53, 55-6, 59, 196
Vaupel, James, 67

PROGRESSO

Ventner, Craig, 130
Versalhes, 41
vida selvagem, 32, 116-7
Vietnã, 31, 45, 189, 193-4
violência doméstica, 180
violência, 89-93, 94, 95-6, 97-8, 196-7
  e voto, 176-7
  ver também terrorismo; guerra
vírus H1N1, 66
Voltaire, 99, 147, 167
voto, 154, 176-7, 178-9

Wałęsa, Lech, 154-5
Weiner, Eric, 206
Wernick, Iddo, 116
Wilberforce, William, 147
Wilson, Woodrow, 165
Wollstonecraft, Mary, 174

Yousafzai, Malala, 140

"zonas mortas", 25

Este livro foi composto na tipologia Sabon LT
Std, em corpo 10/16, e impresso em
papel off-white no Sistema Cameron da
Divisão Gráfica da Distribuidora Record.